はじめての憲法

篠田英朗 Shinoda Hideaki

JN178574

★――ちくまプリマー新書

340

目次 ＊ Contents

まえがき

これは、国際主義を強調する日本国憲法の内容を、歴史的経緯をふまえながら、なるべく簡易に説明するための本です。

平易に憲法を解説する本に仕上げるために、口頭で行われた講義の内容を書き起こすという方法をとりました。内容を補足するために、質問にも対応したかったので、あえて質疑応答の部分も入れてあります。

序章では、日本を平和国家に作り直す過程で生まれた憲法、という日本国憲法の基本的性格を強調します。第1章では、まず日本国憲法の歴史的な性格を、「ポツダム・プロセス」という考え方を使って、説明してみます。

第2章では、日本国憲法の前文が、「信託（trust）」という社会契約の考え方を、憲法の「一大原理」としていることを説明します。さらに第3章で、憲法前文が、「ポツダム・プロセス」にしたがった国際主義を重視していることも見ていきます。

次に、第4章では、九条一項が、国際法を無視して戦争の惨禍を招いた歴史を反省し、日本が国際法を遵守する国になっていくことを宣言した条項であることを説明します。もちろん国際秩序を守るための自衛権は放棄されていません。

第5章は、九条一項を補強する九条二項が、まず「戦力（war potential）」不保持を宣言することによって、「戦争」を目的にした組織を持たないことを明らかにしていることを説明します。もちろん自衛権行使の手段としての自衛隊は禁止されていません。

第6章は、九条二項の「交戦権」の否認が、国際法に存在しない概念を振り回して国際秩序を乱すようなことはしない、という宣言であることを説明します。九条二項は、一項を発展させて、日本が国際法を遵守する国に生まれ変わることを誓った規定です。

第7章は、憲法前文および九条の説明の補足として、サンフランシスコ講和条約・日米安全保障条約の締結が、憲法の基本的性格をつくる「ポツダム・プロセス」の終結を構成するものであったことを説明します。

本書は、平易に日本国憲法の基本的性格を説明することを目指した書物です。全ての条項を一つ一つ説明していくのではなく、前文と九条に焦点をあてて、その基本的性格を明確にすることを試みます。

ただし基本的性格というのは、もっとも重要な考え方の枠組み、という意味です。本書によって日本国憲法の社会契約論と国際主義を知った方々は、日本国憲法と国際秩序の関係を、発展的に考えていくことができるようになるでしょう。

序章

憲法はなぜつくられたのか——戦争と平和

皆さん、お集まりいただきまして、ありがとうございます。今から、初めて日本国憲法についてしっかりと考えてみたい、という人のための講義を始めたいと思います。

今日は、この「はじめて憲法を学ぶ人のための講義」のために、何人かの有志の大学生の方々に来ていただきました。

わざわざ参加してくれている皆さんですから、すでに憲法問題にそれなりの関心を持っている方々かもしれません。でもまずは私の講義をお聞きください。今回を含めて、全部で八回の講義です。それぞれの講義の最後には、質疑応答の時間を設けます。もちろん気になるところがあれば、講義の途中で質問していただくことも大歓迎です。

さて、まずお聞きします。皆さんは、いつから憲法にふれ始めたでしょうか。そう、相当に小さいときからですよね。小学校ぐらいのときから、憲法について書かれている学校の教科書などがあったりしたと思います。皆さんは小学校のときは成績が優秀でしたか。もしそうだったら、憲法についての授業の内容をよく覚えただろうと思います。小学校のときはあまり勉強しなかった、という人も、まあだいぶ小さいときから憲法は重要なものだというふうに聞かされた、といった記憶ぐらいはあるのではないでしょうか。

でもほとんどの人が憲法典それ自体を正面から読み、ゆっくり考えてみるということまではしていないのではないでしょうか。

今回の講義では、学校の教科書に書かれていることをひとまず横に置いてほしいと思っています。小学校のときによく勉強した人も、そうではなかった人も、学校で習ったことを一度白紙に戻してほしいのです。そして、むしろ日本国憲法のテキストだけを持ち、憲法に何が書いてあるのかについて、私と一緒に考えてみてもらいたいと思っています。

憲法に何が書かれているのかを、白紙の状態から考え直す。そのためにこの講義の時間を一緒に使えたら、私としては嬉《うれ》しく思います。

国際法にしたがった平和を求める日本国憲法

最初に一番強調しておきたいことを言っておきます。日本の憲法は、戦争の悲惨な経験を乗り越えるために、つくられました。だから平和を求めている憲法になっています。私の講義も、戦争と平和の経験から生まれた日本国憲法の精神をもっともよく表現した、前文と九条に焦点をあてて、進めていきます。

戦争を避け、平和を得る。そのために憲法をつくる。これが日本国憲法成立の経緯ですね。戦争の惨禍、たとえば第二次世界大戦の悲惨な経験を繰り返さないためには、その戦争が起こった原因を取り除くことが必要だ、と考えた人々が、日本国憲法をつくりました。

それでは日本が戦争を起こした原因は何だったのでしょうか？　日本国憲法は、次のように考えています。戦前の日本の指導者たちが、国際社会のルールを無視したために、戦争が起こってしまった。もちろんその背景には、そんな指導者が権力を持つことを許してしまった国家体制の不備があった。

したがって平和を得るためには、国際社会のルールを守ることが重要になります。国際社会とルールをよく守るような国家の仕組みをつくっていくことが大切になります。

こうした考え方から、国際主義を強調し、自由主義的価値規範を強調する日本の憲法が生まれました。

この歴史的背景を持つ日本国憲法の特徴を、まずはよく押さえておいてもらえればと思います。

アメリカ人が起草した憲法

導入として、憲法の基本的な性格について、もう少し話をさせてください。

私は憲法学者ではなく、国際政治学者です。私のほんとうの専門は憲法ではなく「平和構築」という政策研究です。戦争が起こった社会をいかにして平和な社会につくりかえていくか、そういう政策事項について研究しています。私のような専門の観点から見ると、どのような政策的意図で憲法が作られたのかを知ってもらうことが、まず重要です。

ですから、日本を平和国家に生まれ変わらせるために憲法がつくられた、という基本的な経緯を知っておくことが、まずはとても大切です。

この基本的経緯を、多くの人が素直に受け止められないことは、知っています。たとえば、日本国憲法はアメリカ人が起草した、といったことが気になってしまって、素直な憲法解釈・運用ができない人がいます。皆さんはどうですか。

でも、大日本帝国憲法だって、ロエスレルというお雇い外国人が原案を起草しましたね。世界的に見ても、憲法起草に外国人が関わること自体は珍しくありません。平和構築を専門とする国際政治学者の私は、世界のほとんどの国の憲法が、国際的な議論をへて導入されているのではないか、と思っています。

GHQがつくった日本国憲法は、一九四六年当時の日本独自の状況の産物であるのは確かです。でも、どんな国でもそれぞれの事情をふまえた憲法を持っているのです。外国人と現地社会の人間がそれぞれ役割分担をして憲法をつくる。場合によっては、部分的には外国人のアドバイザーやコンサルタントが相当程度に主導する、そういったことは、珍しいことではありません。

　世界の二〇〇ぐらいの国々のほとんどに憲法典があります。相当数の国々は、外国人に協力してもらったり、（旧宗主国などの）外国憲法から影響を受けたりして、憲法をつくりました。そう考えると、アメリカ人が関与して日本の憲法がつくられたということについて、イデオロギー的な思い入れを持ちすぎるのは、冷静な態度とは言えません。

　どうしてもアメリカ人がつくった憲法を憲法として認めたくない人たちは、いわゆる「押しつけ憲法」論を展開し、「これはアメリカ人が押し付けた憲法だから、一刻も早く日本人がつくり直さなければいけない」と主張します。これは保守層などと言われる伝統的な右寄りの立場ですね。

　左翼の人たちも、いわゆる護憲派の方々のことですが、アメリカ人を嫌いである点では、右翼の人たちと同じです。彼らもアメリカ人が憲法を起草したことを面白く思っていません。ただ、正面から否定するのではなく、むしろそのことには触れないでおこうとします。そのことを隠蔽《いんぺい》したかたちで憲法を解釈するための理論をたくさん構築しました。これは冷戦時代の革新系、いまはリベラル系と言われる人たちに見られる現象ですが、多くの憲法学者や、憲法学で通説と呼ばれているものも、大枠ではこのイメージに近いですね。

先ほども言ったように、世界の多くの憲法は外国人と現地社会の人間が一緒につくっている。最終的には現地社会の人たちが納得して決めればそれでいい、という割り切りです。そうでないと、日本だけでなく、世界の多くの国々の憲法規範が危うくなってしまいます。

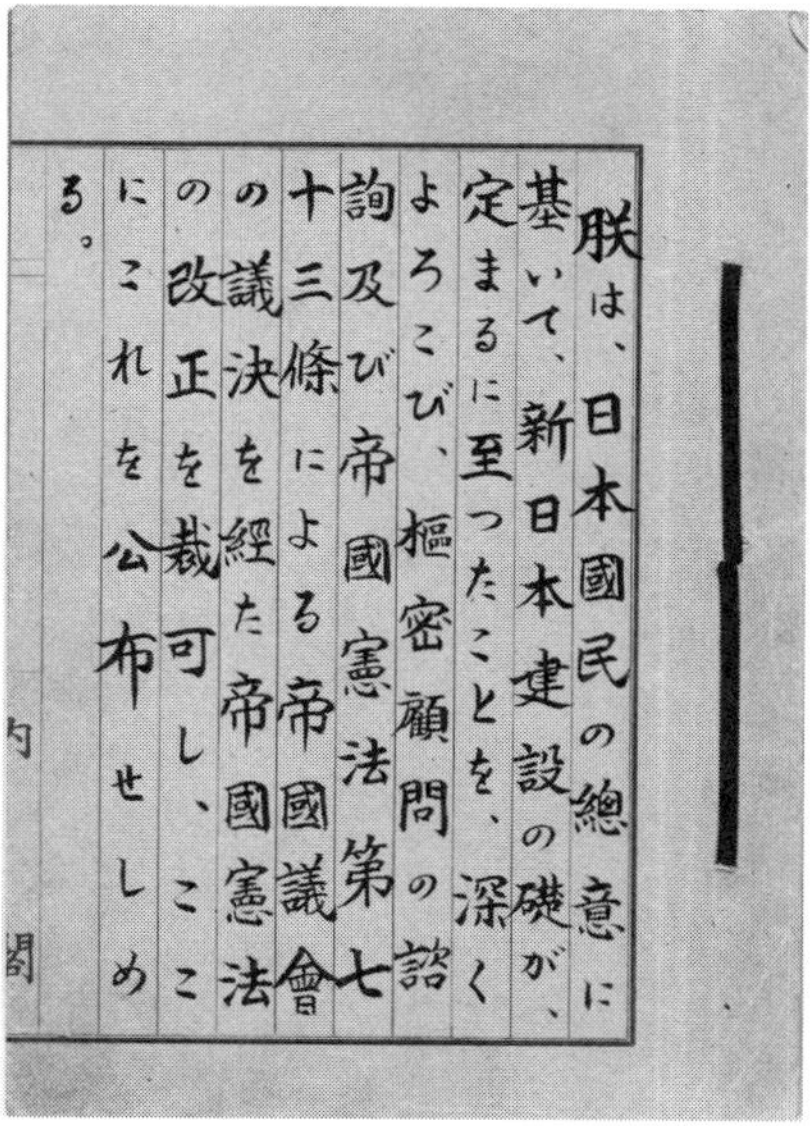
朕は、日本國民の總意に基いて、新日本建設の礎が、定まるに至つたことを、深くよろこび、樞密顧問の諮詢及び帝國憲法第七十三條による帝國議會の議決を經た帝國憲法の改正を裁可し、ここにこれを公布せしめる。

日本国憲法は、大日本帝国憲法の改正手続きに従って 1946 年に制定・公布された

アメリカ人が起草したということ自体は、別にいいことでも悪いことでもありません。単なる歴史的事実です。ですからこの講義ではアメリカ人が憲法を起草したということを否定する、隠すという立場を取りません。淡々と歴史的な事実を受け入れたうえで、素直に日本国憲法が持っている性格を明らかにする話をしていきたいと思います。

憲法ができるまでには、大きな歴史の流れがありました。第二次世界大戦が起き、日本とアメリカが戦った結果、日本の国の仕組みがつくりかえられることになりました。その過程で、憲法典がつくりかえられることになりました。戦争の歴史と深く結び付いているのが日本国憲法の大きな性格・特徴です。ＧＨＱのアメリカ人が憲法典を起草したという事実は、その大きな歴史の中の一つの象徴的な出来事でしかありません。

平和構築活動としての憲法制定

戦争が終わる過程で国の仕組みをつくり直すことになり、憲法もつくり直しました。私の専門である平和構築・国際政治の観点からすると、これは決して珍しい発想ではありません。それどころか、世界のほとんどの憲法はそのような経緯でつくられているのではないかというぐらいに普通の話です。戦争が終わって平和になるとき、国をつくりかえるために憲法をつくりかえる。この一連の流れ自体は、よくある出来事と言っていいのです。

世界で最も古い憲法を持っているのは、不文憲法まで入れるとイギリス、成文憲法ではアメリカ合衆国です。ほとんど同じような時期にフランスも憲法を作りましたが、後に新しい憲法をつくりました。それらの国々の憲法は、どのようにして生まれてきたものでしょうか。

イギリスの一七世紀の歴史は、革命しながら戦争していた、あるいは戦争が革命になった歴史ですね。アメリカの独立戦争は独立革命なのか、独立戦争なのか。これも同じで、戦争であり革命です。フランス革命の場合、戦争という要素は少し小さいかもしれませんが、相当な内乱があって革命が起こり、その後は憲法典を何度もつくりかえ、戦争を繰り返した。ナポレオンが戦争に勝っていくと諸国にフランス憲法の理念が広がっていき、ヨーロッパ全域にフランス憲法の影響を受けた憲法典ができていきました。ベルギーやプロイセンなども、いろいろなやり方がありましたが、結局は戦争を通じてフランス革命の影響を受け、憲法典をつくることになりました。

こうしてヨーロッパでは、一九世紀以降、国家があるところには憲法がある、という考え方が当然になっていきます。二〇世紀の第一次世界大戦後になると、帝国が解体しはじめ、まずヨーロッパに多くの新しい国が生まれます。いままで国ではなかったところが国になり、新たな憲法が数多くつくられていきました。第一次世界大戦に負けたオーストリアやオスマントルコなどの帝国がつぶれて解体された結果として生まれた新興国家は、自らの国家の独立性を証明するために憲法を持ちたがりました。

さらに二〇世紀後半には脱植民地化のプロセスが進展していきます。第二次世界大戦で疲弊したイギリス帝国とフランス帝国が崩壊していきました。アメリカ主導でつくられた第二次世界大戦後の新しい国際秩序の中で、アジア・アフリカの植民地の地域が、次々とイギリス帝国・フランス帝国から離脱し、独立していきます。ここでもそれぞれの国で新しく憲法がつくられます。

要するに戦争が起こり、終わった後の戦後処理の過程でいろいろな国が生まれ、あるいは既存の国の仕組みがつくりかえられ、憲法が出来上がっていくのです。いま存在している憲法はすべて、ここ二〜三〇〇年の世界史における戦争と平和の流れの中で生まれてきたものです。

日本国憲法も、やはりそのような大きな運動の中で生まれたものです。戦争が起こってそれが終わり、戦後処理をする。平和が長続きする国の仕組みをつくるべく、憲法典を制定する。この一連の流れは日本国憲法を規定している最も本質的な性格です。

現代世界の紛争解決と憲法制定

現代世界ではさまざまな紛争が起こっています。国家間紛争はほとんどなく、国家内での内戦、あるいはそれに外国が絡んでくる戦争がほぼすべてです。ここで日本が関与した戦争後の和平協定の例を挙げてみましょう。たとえばカンボジアです。カンボジアについて、一九九一年一〇月にパリ和平協定が成立しました。日本も和平協定の成立に尽力しました。和平協定には、戦争はこれでやめる、やめた後に新しい国をつくる、新しい政府をつくる、そこから新しいカンボジアをつくっていく、そういうヴィジョンが記載されました。当時、この和平協定を最も主導的に調停したのはフランス、オーストラリア、日本でした。

カンボジア和平協定調印式（1991年10月）

　カンボジアの主権はカンボジアの政治家が集まったＳＮＣ（Supreme National Council カンボジア最高国民評議会）が担いました。しかし国連事務総長特別代表は、パリ和平協定に基づき、ＳＮＣの決定を覆すこともできました。主権を絶対的なものとみなす日本の憲法学的な考え方からすれば、パリ和平協定に記載されている主権は、嘘《うそ》っぱちの主権ということになるでしょうね。外国人の権限が強すぎる。しかし、国際社会は、そうは考えません。主権にはいろいろな運用があり、パリ和平協定で参照されている主権も主権なのだ、と考える。

デイトン合意締結式（1995年11月22日）

カンボジアに関するパリ和平協定も、とても実際的な考え方で運用されました。主権を柔軟に考える、つまり一〇〇%の絶対ではないものとして主権を運用する。それは、国際社会では、むしろ普通です。

　カンボジアのパリ和平協定の後に起こった劇的な和平合意としては、ボスニア・ヘルツェゴビナで起こった内戦に多大な関心を持ったアメリカや欧州諸国が、ＮＡＴＯ軍として空爆を繰り返し、一九九五年にかなり強引なかたちで結ばせたデイトン和平合意があります。デイトンというのはアメリカ・オハイオ州の空軍基地（ライト・パターソン空軍基地）がある都市です。ＮＡＴＯ軍は空爆をしたあげく、主要な政治家を飛行機に乗せてアメリカのオハイオ州にある空軍基地まで連れてきて、内戦終結のための平和協定に仮調印させたのです。このやり方を素晴らしいと言う人はいないと思いますが、三年半以上にわたり、二〇万人以上が犠牲となった凄惨《せいさん》な戦争を終わらせたこと自体に苦情を言う人はいないでしょう。

ボスニア・ヘルツェゴビナで新しい国のかたち、新しい憲法をつくるにあたって、アメリカの政治家やコンサルタントは指導・助言したのか、それとも示唆したのか。ボスニア・ヘルツェゴビナの主要な政治家はアメリカ側が出したアイデアに心から納得したのか。悔しさで唇をかみしめながら納得したのか。政治的事情は複雑です。

スーダンでのCPA締結（スーダン人民解放軍の指導者ギャランとスーダン政府のターハ第一副大統領。2005年1月9日）

しかし、いずれにせよ最終的には主要な当事者が納得して、デイトン合意が成立しました。デイトン合意は、現在までその効力が続いています。

日本は二〇一二年一月から二〇一七年五月まで南スーダンに自衛隊を置いてPKOに協力していましたが、南スーダンが独立国になったのは、アメリカが主導してつくられた和平協定の調停があったからです。これを包括的和平合意（CPA：Comprehensive Peace Agreement）と呼びます。

スーダンでは南部と北部が何十年も戦争している、そろそろやめて、六年ほど準備をしたうえで、南スーダン側で住民投票（レファレンダム）を行い、それで南部の地位を決める

ウェストファリア講和条約締結式（ヘラルト・テル・ボルフ画）

ということにしたらどうだろうか。当時、アメリカのブッシュ政権はこれに相当肩入れし、コリン・パウエル国務長官が和平合意の調印式にも来ました。アメリカは指導したのか、示唆したのか。とにかく和平合意を調停しました。その和平合意の帰結として、二〇一一年に南スーダンという国が生まれました。国際社会はこれを支援し、今も一万人以上の国連PKO（平和維持活動）部隊を駐留させ続けています。相当な危険にも直面しながら、和平合意がつくった仕組みを維持するための努力を続けています。日本も、二〇一七年までは、自衛隊の部隊派遣の形で協力していました。いまも国連南スーダン共和国ミッション（UNMISS）司令部に四名を派遣しています。

現代でも数多くの戦争の終結にあたって、平和をつくるためには国の仕組みを変えなければならない、という認識で、戦争後の和平の仕組みがつくられ続けています。新しい国の仕組みが必要だから憲法も変える、というのは極めてふつうの出来事です。

もう少しだけ、国際社会の歴史の観点から、同じ事情を確認してみましょう。一七世紀の三〇年戦争は、ヨーロッパ人にとって、一つの世界戦争でした。いつ終わるともわからなかった戦争を終結させたのは一六四八年のウェストファリア講和条約でした。紛争当事者が一堂に集まり、話し合って決めたことを紙に書いて署名し、みんなで守っていく誓いをたてて戦争を終わりにする、というやり方が確立されたのは、ウェストファリア講和条約からでした。一八世紀には、スペイン王位継承戦争（北米大陸ではアン女王戦争と言われている）を終わりにした一七一三年のユトレヒト条約、ナポレオン戦争を終わりにした一八一五年のウィーン条約などの重要な事例があります。そしてアメリカが大々的に参画するようになった二〇世紀以降は、第一次世界大

ヴェルサイユ条約の調印式（1919年6月28日）

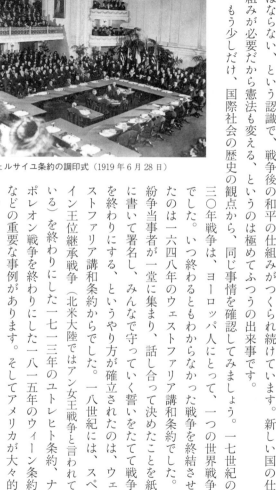

戦とその戦後処理であるヴェルサイユ条約（一九一九年）、附属でつくられた国際連盟規約、さらに第二次世界大戦後につくられた国際連合憲章（一九四五年）が、顕著な事例です。これらはすべて国際社会全体の仕組みを大きく変えました。

大きな戦争が終わった後、平和をつくる過程の中で、国際法の仕組みを新しくします。そして、その国際法の仕組みに従って、各国の国内社会の法体系を整理します。国際法の側から各国に、法規範を新しくする号令を出すわけなのです。戦争の後、和平を模索する過程で、条約・包括的合意が結ばれます。国際社会の仕組み・原則が新しくなると、必然的に国内社会の法体系も新しくなっていきます。

国内と国際をつなげる戦争・平和・憲法の三段階

戦争・平和・憲法という、ワン・ツー・スリーの三段階のステップが、国際社会・国内社会のレベルで連動して起こるのは、それらが一続きのプロセスだからです。各国の国内社会と国際社会はつながっているのです。とても当たり前のことですね。

こうした点をふまえて日本国憲法の性格を見ていくとき、ある一つの重要な事実に気づくことになります。日本国憲法の歴史においてはアメリカ人の関与が非常に顕著ですが、アメリカは、国際社会のレベルでは第一次世界大戦、第二次世界大戦に参画し、その後の戦後秩序の刷新に最も重要な役割を果たした国ですね。第一次世界大戦後の国際連盟規約も、第二次世界大戦後の国際連合憲章も、アメリカ人が最初に起草しました。

彼らがその勢いで起草したのが、日本国憲法です。そうだとすれば、日本国憲法と二〇世紀の国際法規範との結びつきが顕著であるのは当然だ、とおわかりいただけるでしょう。

アメリカでは一八世紀後半の独立革命、つまり一七七六年の独立宣言から一七八七年の合衆国憲法制定に至るまでの戦争と革命、そしてその後の混乱の歴史を経験してから、合衆国憲法をつくりました。さらに一八六一〜六五年の南北戦争で、六〇万人以上もの人が犠牲となった世界最初の総力戦とも言われている巨大な戦争を経験した後、憲法体制の根本的な刷新を図りました。北部軍は甚大な被害を出した戦争を戦い抜いた後、南部諸州を占領統治した。しばらく軍制戒厳令を敷き、南部諸州が議席を持たない合衆国議会で修正一三条（奴隷制度の廃止）、一四条（市民としての身分および公民権）、一五条（人種に基づく参政権付与の禁止）という、今日の合衆国憲法の中で燦然《さんぜん》と輝く修正条項を次々と挿入していきました。

アメリカ人はこの一連の過程をReconstruction（再建）と呼びます。修正一三・一四・一五条の合憲性に関しては争いがあり、南部諸国が裁判所に訴えたこともあります。戒厳令の

南北戦争末期に米国議会で合衆国憲法修正第13条が可決された

もとで南部諸国が占領統治され、議会に代表を送れていなかった。そのときの議会で重大なことを決めるのはおかしい、という主張もありました。しかし、そもそも戦争をやって占領統治されたのは南部が合衆国憲法に違反したからで、事後的には憲法を承認して合衆国に正式に戻ったわけだから、それでよい、という理解もあります。今日では、むしろ三つの修正条項によって、合衆国憲法の立憲主義が発展した、という考え方が普通になっています。

一九四六年当時、日本に駐留していたＧＨＱの人たちも当然、合衆国の立憲主義の発展の歴史こそが素晴らしいモデルだと考えていたでしょう。さらには二〇世紀の国際法の発展の歴史を素晴らしい動きだと考えていたでしょう。アメリカ人たちにとって、一八世紀の独立革命から合衆国憲法制定および南北戦争と合衆国立憲主義の発展の歴史、そして二〇世紀の二回の世界大戦とその後の国際連盟規約・国際連合憲章制定の歴史は、二つの栄光の歴史でした。自分たちが日本国憲法を起草する際には、それらを参照することが、もっとも適切だ、と考えていたのです。

そこで当時の日本が経験した、戦争・平和・憲法という三段階の歴史展開は、古典的なアメリカの立憲主義と、二〇世紀国際法の進展という二つの実質的な法規範のモデルを基盤にしながら、進んでいきました。

日本国憲法を理解する際にまず重要なのは、戦争・平和・憲法という三段階の流れを知っておくことです。この歴史的背景が、日本国憲法における、国内社会における社会契約の論理と、国際社会に対する国際主義の論理に、深く結びついています。この点を理解すると、国際法規範と国内法体系が憲法の内容の基盤になっていることも、わかりやすくなってくるでしょう。

次回の講義では、この歴史的背景をふまえながら、「ポツダム・プロセス」という考え方を示していきます。たとえば「デイトン・プロセス」といった考え方と同じように、日本国憲法制定の背景には、「ポツダム・プロセス」と呼ぶべき政策の枠組みがありました。日本国憲法を理解するためには、「ポツダム・プロセス」が何であったのかを理解することが、とても重要です。

[質問]国際社会という言葉を何度か使われていますが、国際社会の範囲というのはどのようにして決まっていくのでしょうか。

ヘドリー・ブルという国際政治学者は、共通の規則・制度・価値観などを共有する複数の諸国家が国際社会を構成する、と定義しています。国際社会の範囲は、国家集団が持つ国境を超えた共通性の範囲だということになりますね。

一八世紀のヨーロッパであれば、明らかに諸国が共有していた制度がありました。諸国民の法（Law of Nations）（今日の国際法）という制度を共有しているという観念があるために、他国に向かって、「お前がやっていることは違反だ」、と言ったりすることができました。これに対してたとえば一八世紀までの中国と日本の間などのアジアの国家間関係においては、「無礼だ」ぐらいのことは言い合ったかもしれませんが、共通の制度・習慣・理念・価値観があるという認識に基づいて、互いに「国際法違反だ」と言い合うことはなかったでしょう。

ブルの定義にしたがえば、一八世紀のヨーロッパには国際社会と言えるものがありましたが、その他の地域にはほとんどなかった。民族を超えた帝国があり、帝国が征服を通じて領

モンロー大統領の1823年の一般教書演説がモンロー・ドクトリンの起源となった

土を広げることはありました。しかし、複数の独立国家が共通な制度によって結び付くという仕組みは、ヨーロッパ人が発明したものです。これはウェストファリア条約あたりから始まり、一八世紀以降から意識的に本格的に運用されるようになりました。宗教戦争の苦難を乗り越えたヨーロッパ人の頭の中には、国際社会の共通ルールをつくるという問題意識が生まれていました。

ところで一八世紀末に登場したアメリカ合衆国は、諸国民の法を強調し、国際社会の規範体系に関心を持ち続けました。合衆国憲法には、「すべての条約は、国の最高法規である」という規定があります。

しかしヨーロッパ人の行動を全て称賛していたわけではありませんでした。アメリカは一九世紀前半から、いわゆるモンロー・ドクトリンを打ち出し始め、独自の地域的な秩序空間を西半球世界につくりだしました。ヨーロッパ人たちが秩序維持の原理と考えていた勢力均衡を、旧世界の大国が小国を犠牲にする汚れた考え方だと見なしていました。

第一次世界大戦後に、アメリカは、ヨーロッパを力で圧倒するようになります。そして国際社会をアメリカの色でつくり直し始めます。そのときにモンロー・ドクトリンに象徴される西半球世界の秩序観を持ち込んで、国際法を刷新するようになりました。たとえば二〇世紀の国際法体系で原則化された集団安全保障や集団的自衛権の考え方は、アメリカが一九世紀の西半球世界で標榜《ひょうぼう》していたモンロー・ドクトリンに起源があると言って差し支えありません。

現代の地域紛争などで生じる和平合意についても、考えてみましょう。そこに主権国家がある、という前提で、「内戦」後の和平合意が結ばれます。法的根拠は、国際法と国内法の両方になります。確かに、和平合意の時点では、しばしば政府が機能不全を起こし、国家がバラバラになっているような状態があります。たとえば二〇〇五年当時のスーダンでは、国土全土をほんとうに統治している政府があるとは言えない状況がありました。しかし国際社会は、「スーダンは主権国家である」という前提を崩しません。刷新は必要だが、あくまでもスーダンはまだ一つの国家である、という前提にしたがって、和平合意の内容を定めていきます。「スーダンの状況は、非常に特異なものではないか」と文句を付けることもできるのかもしれません。しかし戦争が起こっている状況でそんなことを言っていたら、一歩も前に進めません。戦争という特異な状況を踏まえたうえでぎりぎりの手続きをし、前に進むというのはよくある出来事です。むしろそれが和平合意のプロセスというものであり、平和構築そのものです。戦争・平和・憲法の一続きの過程を経験した一九四六年当時の日本もまた、そのような意味での平和構築の事例でした。

[質問]たとえば一七世紀のウェストファリア条約のときなどと比べて、第二次世界大戦・国連憲章のときでは、主権国家についての考え方・概念が異なりますか?

ウェストファリア条約の時点では、主権の概念は絶対的なものではなかった。したがってウェストファリア条約に集まった約三六〇の主体は主権者というよりはむしろ、条約当事者性がある主体、と言ったほうが適当です。それらは神聖ローマ帝国の一部でしたが、条約を結ぶことはできた。しかし一八世紀以降、主権概念が絶対化していく。条約を締結する権限があるということはすなわち、主権国家であるということだ、ということになった。主権国家でなければ、条約を結ぶはずがない。そのような観念に収斂《しゅうれん》してきます。

とくにフランス革命以降はこの考え方が強まり、一九世紀には頂点に達する。絶対主権の考え方が強まり、主権概念によって国家の存在を国家存在の基準にする風潮も広がりました。一九世紀の学者たちは「ベルギーやスイスは主権国家ではない」などという議論をしていました。絶対的な権力という意味での主権を持っているとは言えない、というのがその理由でした。帝国主義の時代の現実の中で、厳密な主権国家の定義が求められ、主権国家の数はどんどん減っていきました。

しかし第一次世界大戦終了後になると、急速に国家の数が増え始めます。第一次世界大戦が始まる前までは主権国家の基準が厳しく、主権国家の数は減少し続けていました。ところがそれ以降、急速に増えはじめ、いまでは約二〇〇の主権国家があります。その過程では主権の概念を緩く解釈するという現象が起きました。

国連憲章は諸国の「主権平等」を一つの原則として規定していますが、主権とは何かを定義した法律はありません。内実は、運用によって成り立っているのです。したがって主権概念を適用する審査が厳しくなったり、緩くなったりする現象が起こります。

重要なのは、主権概念の変遷の背景には、国際社会の秩序の変化があった、ということです。二度の世界大戦をへて、主権国家のとらえ方が、国際法規範のところから変わりました。

そして現代世界でも、地域紛争があるたびに和平合意を通じて国の仕組みがつくりかえられ、新しい国がつくられていきます。これも国際規範の変化の結果です。戦争の後に平和が訪れたとき、関係者が集まって何らかの合意をつくり、それを文字で表して憲法や国際条約としてます。現代世界の国際法規範と国内法規範の体系は、二〇世紀の戦争と平和構築のプロセスをへて、形成されてきたものです。

日本国憲法は事例としてはたしかに独自性がありますが、その本質的な性格は国際社会において極めて見慣れた現象によって生まれたものです。日本人は一般性に目を向けず、具体的なところばかり見てしまいがちですが、少し突き放して鳥瞰《ちょうかん》的に日本国憲法を見てみると、非常にわかりやすい性格を持ったものであることがわかります。日本国憲法は、ストレートに戦争・平和・憲法の三段階ステップの論理で書かれたものであり、そのことを押さえれば、とても平易に理解していくことができます。

第1章

憲法制定の論理とはなにか

——ポツダム宣言

ポツダムに集まった３カ国首脳。左からチャーチル、トルーマン、スターリン（1945年7月25日）

「ポツダム・プロセス」という考え方

「まえがき」で述べたように、日本国憲法は、戦争・平和・憲法というよくある三段階ステップの歴史的経緯でつくられたものです。そのことをふまえながら、もう少し日本国憲法の性格について考えてみたいと思います。

ポイントになるのは、戦争・平和・憲法の三段階が、どのように進んだのか、ということです。ここでは、「ポツダム・プロセス」という言い方で、この三段階を説明していきたいと思います。

一九四五年七月二六日に、米・英・中の連合国がポツダム宣言を発し、日本に「これを受諾して戦争を終わりにしたらどうか」という提案をしました。日本は悩んだ末に「そう

日本は 1945 年 9 月 2 日にポツダム宣言を受諾する文書に署名

します」と回答し、一九四五年九月に政府として降伏文書に署名して合意を確定させました。これによって、第二次世界大戦は終わりました。その結果、国の仕組みのつくり直しの方向性を定める憲法典の改定が行われました。日本国憲法の制定は、日本がポツダム宣言を受け入れたことによって発生した出来事です。これは戦争・平和・憲法という三段階の日本版です。

戦争当事者の二者のうち一者がポツダム宣言という宣言を出し「これで戦争を終わりにしないか」と提案した。もうひとつの当事者である日本はそれを受け入れ、文書で確定させた。日本はポツダム宣言の内容を履行《りこう》する義務を自ら受諾し、その義務に従って日本国憲法の制定を含む一連の国家秩序の再建を行った。日本国憲法の制定は、ポツダム宣言の受諾という国際的行為から生まれた義務遂行の一つとして行われたのです。日本国政府のポツダム宣言の公式受諾により、その内容の履行は、国際的義務であったと考えることができます。

日本国憲法は、ポツダム宣言の受諾によって開始された戦争・平和・憲法の三段階の過程において、生み出された。そのため国際社会の出来事と深く連動した性格を持っているのです。

右翼と左翼の「ポツダム・プロセス」否定論

ところで伝統的な右翼系の人々が採用する「押しつけ憲法」論では、次のような議論があります。一八九九年「陸戰ノ法規慣例ニ關スル條約」の四三条は、「国の権力が事実上占領者の手に移った上は、占領者は絶対的な支障がない限り、占領地の現行法律を尊重して、なるべく公共の秩序及び生活を回復確保する為、施し得《う》る一切の手段を尽くさなければならない」と定めている。したがって、占領下で制定された日本国憲法は違法で、無効化されるべきものだ。こういう主張をします。

これにたいして護憲派と呼ばれる左翼系の人たちは、次のような見解を持っています。「陸戦ノ法規慣例ニ關スル條約」は基本的に戦争状態における行動を律する条約である。一九四六年当時、交戦状態は終わっており、四三条は適用されないから、日本国憲法は成立した。憲法学者の本などに、このような説明が書かれています。

右翼系の方々の「押しつけ憲法」論は、「ポツダム宣言」の否定です。したがって歴史的経緯に忠実な考え方とは言えません。史実としては、日本がポツダム宣言を受諾して、連合国による占領行為が行われました。したがって占領国が一方的に戦争中の戦争行為を通じて現行法を廃止しているのではなく、大枠では日本国政府がポツダム宣言を公式に受諾したことを根拠として行われているわけです。これについて「特別法が一般法を破る」という言葉を使って描写することもできるでしょう。「占領者は現行法律を尊重しなければいけない」という一般規定に対して、ポツダム宣言は日本国政府の同意という特別な事情を付け加えました。ここで「陸戦ノ法規慣例ニ關スル條約」四三条が適用されないのは、日本国政府が最初に合意して改革が始まったからです。

しかしこれは、左翼の方々の議論とは、違います。左翼の方々の議論は、右翼の議論よりも弱いものです。侵略者が軍事力で完全に占領してしまえば、交戦状態は終わるかもしれません。しかしもしそれによって「陸戦ノ法規慣例ニ關スル條約」が適用されなくなるとしたら、占領状態に関する規定は、ほとんど無意味なものになってしまいます。軍事行動によって発生した占領状態に、四三条は適用される、と考えるのが、適切でしょう。

日本国憲法を受け入れるためには、素直にポツダム宣言の重要性を受け入れるだけで済みます。ところがなお一部の憲法学者の方々は、「国民が革命を起こしていた」などと言い出して、徹底して憲法が「ポツダム・プロセス」の一環で生まれたことを否定しようとします。一部の憲法学者によれば、ポツダム宣言受諾時に、主権者を取り替える革命を、国民という新しい主権者が起こした。日本国憲法ができる前、国民が主権者となり、その主権者である国民が制定したのが日本国憲法だ。だから、占領統治下であったことは関係ない。そのような空想にもとづくお話で、一部の憲法学者の方々は、右翼の方々とのイデオロギー闘争に立ち向かいます。

一九四五年八月に天皇が終戦の詔勅を出したとき、実は「国民」による革命が起こっていたという「八月革命」説は、一つのフィクションでしかありません。この論を提唱した宮沢俊義という憲法学者も、最初から「これはひとつの法理であって歴史的な真実ではない」などと言っていました。今日の憲法学者や護憲派も心の底から信じているわけではありません。

ただ、彼らは「八月革命」説がなければ自分たちの憲法論が法理上揺らぐことを恐れています。そのため、「これは史実ではなく信じている者はいないが、憲法学では通説だ」とナゾナゾのようなことを言ったりします。

なぜ、そのように嘘《うそ》だと知っていることを、「通説」だ、などと言って維持し続けようとするのでしょうか。そう、とにかく、なんとしてでも、アメリカ人が憲法を起草したという事実を隠し通したいのですね。

[質問]押しつけ憲法論者が一八九九年に出された「陸戰ノ法規慣例ニ關スル條約」四三条を盾にして日本国憲法を退けるのは、一九二八年に不戦条約ができて戦争が違法化されたことと、何か関係がありますか?

どうでしょう。関係がないと思います。「陸戰ノ法規慣例ニ關スル條約」は、戦争中の行為を規制する国際法規で、今日の言葉では「国際人道法」と呼ばれる法体系を構成していま す。これは、戦争中であっても、不必要な苦痛を捕虜に与えたり、一般市民を攻撃したりすることは違法だ、という考え方を定めた法体系で、専門的には「jus in bello」と呼ばれます。これに対して侵略戦争の違法化を果たした一九二八年不戦条約は、武力行使に関する国際法規を構成するもので、一九四五年国連憲章二条四項がその発展形態です。ある武力行使が違法かどうかを審査するための法体系です。専門的には「jus ad bellum」と呼ばれます。これら二つの別個の法体系のそれぞれにおける違法性の認定に、相互影響はさせない、というのが大原則です。つまり、たとえば合法的な自衛権の発動にもとづく状態においても、国際人道法違反は発生しうる。逆に国際人道法を遵守しても、武力行使の開始原因が違法なものであったという事実を変更することはできません。したがって「陸戰ノ法規慣例ニ關スル條約」に関する議論は、不戦条約に関する議論とは、関係がありません。

日本国「人民」の論理

さてポツダム宣言には、何が書いてあるのでしょうか。まず、戦争犯罪人（戦争中の指導者）を処罰すると書かれているところを見てみましょう。ポツダム宣言第一〇項には次のように書かれています。日本語のほうは、当時の外務省が翻訳したものです。読みにくくて、申し訳ありませんが、一応、公式テキストとなっているものを見てみましょう。

十、吾等《ワレラ》ハ日本人ヲ民族トシテ奴隷化セントシ又ハ国民トシテ滅亡セシメントスルノ意図ヲ有スルモノニ非サルモ吾等ノ俘虜《フリヨ》ヲ虐待セル者ヲ含ム一切ノ戦争犯罪人ニ対シテハ厳重ナル処罰ヲ加ヘラルヘシ日本国政府ハ日本国国民ノ間ニ於《オ》ケル民主主義的傾向ノ復活強化ニ対スル一切ノ障礙《シヨウガイ》ヲ除去スヘシ言論、宗教及思想ノ自由並《ナラヒ》ニ基本的人権ノ尊重ハ確立セラルヘシ

10. We do not intend that the Japanese shall be enslaved as a race or destroyed as a nation, but stern justice shall be meted out to all war criminals, including those who have visited cruelties upon our prisoners. The Japanese Government shall remove all obstacles to the revival and strengthening of democratic tendencies among the Japanese people. Freedom of speech, of religion, and of thought, as well as respect for the fundamental human rights shall be established.

戦争指導者には戦争犯罪人として処罰を加え、日本国民には人権を認める。そして日本で民主主義が発達するように保障していく。第一〇項は、そうしたことが書かれています。

さらに第六項を見てみましょう。

六、吾等ハ無責任ナル軍国主義カ世界ヨリ駆逐《クチク》セラルルニ至ル迄《マデ》ハ平和、安全及正義ノ新秩序カ生シ得サルコトヲ主張スルモノナルヲ以《モッ》テ日本国国民ヲ欺瞞《ギマン》シ之《コレ》ヲシテ世界征服ノ挙ニ出《イ》ツルノ過誤ヲ犯サシメタル者ノ権力及勢力ハ永久ニ除去セラレサルヘカラス

6. There must be eliminated for all time the authority and influence of those who have deceived and misled the people of Japan into embarking on world conquest, for we insist that a new order of peace, security and justice will be impossible until irresponsible militarism is driven from the world.

第六項では、次のようなことが述べられています。戦争指導者は世界征服を企んで日本国国民を騙《だま》した犯罪者なので追放する。そうすれば世界に平和と安全と正義がもたらされる。

なお公式訳は、ここでいきなり「日本国国民」という言葉を用いますが、ポツダム宣言から日本国憲法のドラフトに至るまでアメリカ人は「people」という言葉を使っています。この「people」という英単語は、本来であれば「人民」と訳すべきでしょう。現代日本の普通の言葉遣いの感覚で言えば、「人々」ということですかね。人々は、犯罪者の政府から悪い

統治という被害を受けている。日本国は、政府を取り替え、人々がよりよい国をつくれる環境を確立し直すべきだ。そうすれば世界全体も平和になる。戦争を終結させるときの大きな仕組みとして、この考え方にそった仕組みを設定しよう。連合軍はそう提案したわけです。

この考え方にしたがって、戦争指導者が悪用した日本国の軍隊（大日本帝国軍）は犯罪者の道具なので完全に武装解除し（第九項）、指導者たちが大日本帝国軍を再建することがないよう、戦争遂行能力を根本的に破壊していく（第七項）ことが要請されました。

第九項・第七項は以下の通りです。

九、日本国軍隊ハ完全ニ武装ヲ解除セラレタル後各自ノ家庭ニ復帰シ平和的且《カツ》生産的ノ生活ヲ営ムノ機会ヲ得シメラルヘシ

9. The Japanese military forces, after being completely disarmed, shall be permitted to return to their homes with the opportunity to lead peaceful and productive lives.

七、右ノ如キ新秩序カ建設セラレ且日本国ノ戦争遂行能力カ破砕セラレタルコトノ確証

アルニ至ルマテハ聯合国《レンゴウコク》ノ指定スヘキ日本国領域内ノ諸地点ハ吾等ノ茲《ココ》ニ指示スル基本的目的ノ達成ヲ確保スルタメ占領セラルヘシ

7. Until such a new order is established and until there is convincing proof that Japan's war-making power is destroyed, points in Japanese territory to be designated by the Allies shall be occupied to secure the achievement of the basic objectives we are here setting forth.

第七項の英語原文を見ると、「戦争遂行能力」とは、もともとは「war-making power」という概念のことです。「戦争遂行能力（war-making power）」は、第九項で「完全に武装解除される」とされています。ここで武装解除されるのは「戦争犯罪人（war criminals）」（第一〇項）が悪用した「戦争遂行能力」であり、これは犯罪人である指導者とともに消滅させ、二度と復活させない対象となっています。

ポツダム宣言の論理構成の特徴は、「戦争犯罪人」と「日本人民（Japanese people）」を分離することです。新しい日本政府は、「日本人民」によって形成されるものでなければなりませんでした。「戦争遂行能力」を完全に武装解除するということは、戦争遂行能力を、「戦争犯罪人」とともに消滅させるということでした。

このポツダム宣言の論理構成は、政府と人民との契約関係によって国家の基本構造を説明する伝統的な英米思想にのっとったものです。次回の講義で見ていく日本国憲法の基本構造にも大きくかかわってきますので、よく注意しておいてください。

［質問］「国民」と「人民」の区別について、もう少し教えてください。初めて聞く人には、少し難しいように思います。憲法学では「国民主権」と「人民主権」を区別する議論があるとも思いますが、関係していますか。

白紙の気持ちで私の講義を聞いてほしいとお願いしたのですが（笑）。憲法学の「国民主権」と「人民主権」の区分は、ここではあまり関係がありません。憲法学者の方々は、わざわざ「国民主権」を「ナシオン主権」に対して、「人民主権」を「プープル主権」と、両方ともフランス語で言い直したりしていますから。絶対にアメリカ人の思考にはそわない、何とかして全てをフランス革命の歴史の話にしたい、という物語ですね。

確かに、「国民主権」の概念は、歴史的に言えば、フランス革命の産物です。「国民（nation）」とは、政府も含めて社会全体を包含する抽象概念です。ルソーの「一般意思」説に影響されたフランス革命の思想において、「国民」の概念が広まりました。その影響を受けたヘーゲル以降の哲学、ドイツ国法学では「国民（Volk）」は有機的な実体性すら持っているる国家と同一視されるようになります。複数の人間が集まっているにすぎない「国民」を、ひとつの生きた実体であると説明し、その一つの「国民」が一つの国家を構成するのだ、と説明するようになります。国民国家は生き物だ、という議論になります。

しかしこれは、フランス革命より先に憲法典をつくりあげたイギリス人・アメリカ人の思想の伝統からすれば、異質な考え方です。イギリス・アメリカの契約論的な発想では、生きているのはバラバラの人間だけです。バラバラの人間が契約を結んで政府という役回りを担う人間を選び、その人たちに警察官などの仕事をさせるだけなのです。その際、警察官の給料は税金でまかなうという約束をして、「このぐらいは払うからしっかり警察官をやってください」と頼むという仕組みです。

古典的な契約論的な発想からは、警察官と業務委託者である人民の間に有機的な統一性なるものがある、などといったことは想像されません。警察官がいたほうが何かと便利だから、みんなでお金を出して業務委託しただけです。伝統的な英米法的な考え方にそうと、「国民」という有機的統一体は夢想的なものでしかない。せいぜい「人々」という普通の意味での

「人民」がいるだけです。

「国民」と言った場合には「国民」の単一的・実体的存在が強調されるのにたいして、「人民」と言った場合には政府と「人民」が分断され、別存在であることが強調されます。古典的な英米的な立憲主義の観念では、政府と「人民」は、契約関係によって結びついています。その契約が違法行為によって侵害されるならば、革命や戦争というかたちで契約の取り直しが行われるでしょう。しかし政府と人民は一般意思を持った有機的存在だ、といった発想は出てきません。アメリカ合衆国憲法に、一つの「国民」とか、一つの主権者などを示す規定はありません。

合衆国憲法の中には主権を行使できる機関が数多くあります。まず連邦政府と州政府の間で主権の行使手段が分かれ、政府と人民の間でもそれは分かれます。さらに連邦政府には三権分立が貫かれていて、それぞれの主権の行使の範囲が厳密に区切られています。契約条項をたくさん書き、綿密な契約書を交わしたほうが優れているという考え方から、ややこしいchecks and balances（抑制均衡）の考え方が発展していきます。このような考え方は一般意思説の国民主権論では出てきにくい。

憲法典を最初から最後まで熟読しても、アメリカ合衆国の主権者はどこにいるのかはわかりません。古典的な英米法においては、国民主権論などよりも重要なのは、一人一人の個人の根源的な権利です。個人の権利は、主権者であっても侵すことができないからです。その個人の権利にもとづいて、人民のそれぞれが契約関係を結び、運用していきます。その仕組みを定めたのが憲法であり、その仕組みを維持することが立憲主義である、という考え方です。

ポツダム宣言はこのような考え方から「人民」と「政府」の関係性を問い直しています。悪い奴が「政府」を占拠した状態になっているので、それを追い払う。その後は、「人民」がもう一度よい「政府」をつくり直せばよい。連合国がそのきっかけをつくり、その後も手伝ってあげる、なぜならそれによって国際社会も平和になるのだから。

ポツダム宣言は、こういう論理構成の流れを持っています。連合国は、この論理構成にしたがった戦争終結の提案をしました。日本は、「戦争も苦しくなってきたし、じゃあそれをやります」ということで文書を交わしました。こうして「ポツダム・プロセス」が始まりました。

交わした文書は、降伏文書という格好悪い名前なんですが、手続き上の論理構成で言えば、要するにポツダム宣言という形の連合国側の提案を受諾した証明ということですね。占領は、日本のポツダム宣言受諾によって根拠づけられており、はじめの一歩で日本政府の合意がありました。これが公式かつ素直なポツダム宣言から日本国憲法制定、サンフランシスコ講和条約に至る「ポツダム・プロセス」の歴史です。

「ポツダム・プロセス」の時間軸

さて、「戦争犯罪人」と「日本人民」とを区別する論理構成を念頭に置きながら、「ポツダム・プロセス」の論理構成の時間軸、つまりスケジュール設定について、見てみましょう。

「ポツダム・プロセス」の枠組みでは、悪いのは「戦争犯罪人」と彼らの道具である「戦争遂行能力」であり、悪くないのは「日本人民」です。したがって後者が新しい「日本政府」をつくっていくことになります。連合軍は、「日本人民」と付き合い、「日本人民」が「日本政府」を正しく形成したときに占領体制を終わりにする約束をします。こうした計画が、ポツダム宣言で表明されています。

ポツダム宣言の第一二項を見てみましょう。

十二、前記諸目的カ達成セラレ且日本国国民ノ自由ニ表明セル意思ニ従ヒ平和的傾向ヲ

有シ且責任アル政府カ樹立セラルルニ於《オイ》テハ聯合国ノ占領軍ハ直《タダチ》ニ日本国ヨリ撤収セラルヘシ

12. The occupying forces of the Allies shall be withdrawn from Japan as soon as these objectives have been accomplished and there has been established in accordance with the freely expressed will of the Japanese people a peacefully inclined and responsible government.

「日本人民」が自由に表明する意思にしたがって、「平和的傾向を有しかつ責任ある政府」が樹立されるときは、ポツダム宣言に始まるプロセスが完了するときです。そこで連合軍・占領軍は撤収することになります。

ここでは履行内容とともにスケジュールも提示し、日本に「このスケジュールを飲んで、戦争をやめてみてはどうですか？」と呼びかけている。カンボジアにおける「パリ・プロセス」、ボスニアにおける「デイトン・プロセス」、アフガニスタンにおける「ボン・プロセス」など、和平合意や政治合意にちなんで政治社会の再構築のプロセスを総称する言い方があるとすれば、日本の戦後の平和構築のプロセスは、明らかに「ポツダム・プロセス」と呼ぶべきものでした。

第一三項に無条件降伏という言葉が出てきますが、これも「ポツダム・プロセス」の観点から理解しなければなりません。

十三、吾等ハ日本国政府カ直《タダチ》ニ全日本国軍隊ノ無条件降伏ヲ宣言シ且右行動ニ於ケル同政府ノ誠意ニ付適当且充分ナル保障ヲ提供センコトヲ同政府ニ対シ要求ス右以外ノ日本国ノ選択ハ迅速且完全ナル壊滅アルノミトス

13. We call upon the government of Japan to proclaim now the unconditional surrender of all Japanese armed forces, and to provide proper and adequate assurances of their good faith in such action. The alternative for Japan is prompt and utter destruction.

連合国は、日本政府がただちに「日本国軍隊の無条件降伏（unconditional surrender of all

Japanese armed forces)」を宣言することを要求しました。「軍隊(armed forces)」の無条件降伏を宣言し、ポツダム宣言に沿ったさまざまな改革、国の仕組みのつくり直しを行うことを受け入れるのであれば、戦争は終わりになる、と連合国側は提案しました。

しばしば「日本は第二次世界大戦で無条件降伏をした」と言われることがあります。しかしそれは事実ではありません。ポツダム宣言で日本政府が受諾しているのはあくまで「日本国軍隊の無条件降伏」です。「日本国軍隊」を完全解体し、それを道具として使っていた「戦争犯罪人」も処罰する。この「ポツダム・プロセス」をへることによって、「戦争犯罪人」たちが再び力を持って「戦争遂行能力」を形成することが防がれ、「日本人民」の「平和的傾向を有しかつ責任ある政府」がつくられることになります。そのとき、ポツダム宣言から始まる平和構築のプロセスは終了します。

戦後、日本政府は約六年間にわたり、ポツダム宣言を受諾したという事実から発生する一連の義務履行行為を行いました。この「ポツダム・プロセス」が完成したということで、一九五一年にサンフランシスコ講和条約を結びました。日本国憲法の制定は、このプロセスの一環として行われた出来事ですが、そもそもの始まりはポツダム宣言でした。

[質問]当時の日本の政府関係者が、「People」を「人民」とせず、「国民」と訳したのは、

やはり政治的事情があったからなのでしょうか。

ポツダム宣言受諾の段階から当時の日本の政治指導者が「人民」という言葉を使いたがらなかったのは、連合国側の自由主義と共産主義の二つの両方とも嫌だったからでしょう。日本国民とは天皇と国民・人民が一体となった家族のようなものなのだから、そこに勝手にアメリカ的な立憲主義を持ち込まないでほしい。ましてや共産主義などもってのほかだ。天皇を中心としたひとつの家族が日本であるということを言うために、わざと「people」を「人民」ではなく「国民」と訳したのでしょう。

「人民」という言葉は、リンカーンの「人民の人民による人民のための政治」という言葉で表現される、アメリカ立憲主義的な考え方で使われます。また、共産主義者も「人民」という言葉を使います。悪い政府が人民をいじめている。人民が本当の主権者として人民政府をつくれば人民の国家ができて、そこで一般意思が生まれてくる。これは人民主権論という考え方です。一九四五年までの日本でより広く知られていたのは、むしろ共産主義者による言説のほうでしたね。

当時の日本で力を持っていたのは家族的な国民の包括性を強調する勢力で、彼らの国家構成図の頂点に天皇がいました。それにたいして「そんなものはまやかしで虚偽意識だ。共産主義革命を起こすんだ」という共産主義者のグループもありました。これらと異なる立ち位置で、契約論的発想を強く持つアメリカ流の立憲主義のグループがありました。もっとも少数派だったのは最後の契約論的発想のグループでしょうけれども、「ポツダム・プロセス」を通じて、これが公式の憲法の枠組みになりました。

ポツダム宣言の論理は、英米法的な考え方によって成り立っています。そのことを淡々と受け止めれば、おのずと国際主義者・英米立憲主義者の理論に触れることになります。しかし日本では、そういう人たちはあまり多くありません。一部の日本の憲法学者は、いまだにドイツ国法学で染まっていますからね。実際の憲法典と、憲法解釈を牛耳った憲法学者との間で、思考の枠組みに大きな乖離《かいり》があるのです。その乖離は、「人民(people)」が「国民(nation)」に変化させられた事件に象徴的に示されていますね。

ただ、言葉遣いはそうだったとして、日本国憲法典が採用している論理構成そのものは、やはり「ポツダム・プロセス」のものです。

[質問]英米立憲主義者の位置づけが問題になるのは、日本だけなのでしょうか。

日本に独特の現象だとは言えると思います。かつての日本では、憲法学を志す人はプロイセン(ドイツ)に留学し、そこから戻ってくると憲法学者になる、という社会の仕組みがあります。大日本帝国憲法をつくった井上毅《こわし》と伊藤博文《いとうひろぶみ》は、憲法をつくるという目的でヨーロッパに留学しました。ドイツではルドルフ・フォン・グナイストやアルバート・モッセ、オーストリアではローレンツ・フォン・シュタインなど当時一流の学者に教えを乞《こ》い、ヘルマン・ロエスレルというドイツ人に頼んで憲法案を書いてもらいました。もっとも、それだけだと完全にドイツ人丸出しなので、「統治権」などの日本独自の概念を付け加える作業だけはしました。しかしせいぜいそれくらいで、大日本帝国憲法を仕立ててあげてしまったのです。

このように、戦前の日本では、憲法をつくった人もそれを解釈する人もすべてドイツに留学した人たちでした。一部の憲法学者の方々は、今でもドイツ国法学的な眼差しで憲法を語ろうとします。アメリカ人がさほど気に留めない主権の絶対性について、過剰に気にします。戦後はフランス革命の話ばかりですが、アメリカを避けて大陸法を語る、という姿勢では、同じです。

いやそんなことはない、日本の憲法学者は、人権分野でのアメリカの裁判所の判例の研究はよくしている、と言われることがあります。それは確かなのですが、国民主権論を強調する政治構成論の部分では、まったくアメリカ法を取り入れていないですね。ドイツ国法学は古臭い歴史の骨董品《こっとうひん》なのですが、日本の憲法学においてだけは常識化してしまっている。

こうした事情を端的に示す例が、「八月革命」説です。

日本国憲法が起草される前、憲法学者たちは次のように考えていました。憲法には、憲法改正範囲の限界がある。天皇主権の憲法の改定においては主権者が変わる憲法をつくることはできない……。でも、実はそんなことはどこにも書かれていないのです。大日本帝国憲法七三条は改正手続きについて定めていましたが、そこには「主権者の交替だけは絶対にやってはいけない」などとは書かれていませんでした。憲法改正範囲の限界という議論は、ドイツ国法学の学者たちのドイツ語のテキストを苦労して必死で読み込んだ日本の憲法学者たちが、勝手に思い込んだだけのお話だったのです。

ところが、ドイツ人学者の権威を相対化することは、自らの権威の否定にもつながりますね。そこで日本の憲法学者はドイツ国法学を相対化する作業をやろうとはしなかった。そこで「どうしよう。今までの憲法学からは日本国憲法を説明できない……。ええい、こうなったら革命が起こっていて全てが振り出しに戻っていた、などと言い張るしかない」という結論に至ってしまった。悩んだ末、「八月革命」説というかたちで独善的な憲法学の議論を守り抜く覚悟を定めたのでした。

「八月革命」説というのは、既存の憲法学では説明できない現象を、政治の世界の「革命」に預けることによって、説明したかのように振る舞う詭弁《きべん》です。「従来の憲法学では説明できないので、政治の世界で革命が起こったから主権者が変わったと言ってほしい、とにかく憲法学の権威に傷がつかないような説明で主権者が変わったことにしておいてほしい」という話です。

政治学の側からすれば、甚だしい迷惑です。「迷惑だから、面倒なことだけ他人に責任を押し付けないでほしい、法律家の議論は法律の範囲内で済ませてくれ」と言いたくなります。ところがそうすると一部の有力な憲法学者が血相を変えて「何を言うんだ！　そんなことがあってはいけない、面倒なことは全部政治学のほうに投げつけなければ憲法学者が困るんだ、あとは政治学で何とかやっておいてくれ、いずれにせよ戦争に負けたからといって憲法学の考え方を疑うような話を憲法学者がするわけにはいかない」と言ってくる。「八月革命」説を標榜する人たちはドイツ国法学やフランス革命の思考枠組みを、憲法を超越した絶対的な法規範であるかのようにとらえている。このような事情は、日本独特でしょうね。

ドイツのことしか知らない憲法学者のところに、アメリカ人が起草した憲法典が降ってきたのは、非常に気の毒なことではありました。しかし、その後の憲法解釈の混乱を考えると、同情ばかりもしていられません。むしろ一部の有力な憲法学者たちが「ポツダム・プロセス」の仕組みを理解することを拒絶したのは、大変に罪深いことだったのではないか、私はそう考えています。

第2章

憲法が依拠する原理とはなにか

——社会契約

日本国憲法に貫かれた「ポツダム・プロセス」の論理

前回の講義（第1章）でも述べたように、日本国憲法は戦争・平和・憲法という三段論法で国際的な約束を実現するプロセスの中で生まれてきて、ポツダム宣言の精神がその基礎となっています。そうであるならば、日本国憲法の前文にはポツダム宣言の精神が見られるのではないか。これは最も合理的かつ素直な推定であり、憲法の初心的な学習者である皆さんには、特にまず押さえておいてほしい点です。

では憲法の前文を見てみましょう。これはGHQが起草したものを日本語に訳したものであるため読みにくいですね。もともと憲法の前文としては長文だという事情もあります。ですから読んでいるうちに面倒くさくなる人も少なくない。そこで、この前文にはポツダム宣言の精神が受け継がれている、とまず理解してください。それを一つのコツとして、いくらか面倒を減らしていただきながら、読んでもらえたらと思います。

憲法起草者であるGHQの人たちにとって、前文はとても重要なものでした。彼らは一九四六年二月、日本政府の関係者に日本国憲法の起草文を見せたときに次のように言いました。今後、国会の審議にかけたりして憲法をどんどんつくり直していただくことは構わない。むしろそのほうが望ましいが、前文だけは一字たりとも変えてほしくない。

ＧＨＱの人たちは前文に強い思い入れがあり、つい長く書き過ぎてしまった。長すぎるのは、やや残念なところですが、そのぐらい思い入れが強かったということなのでしょう。なぜそんなに思い入れがあったのでしょうか。前文がなくなってしまえば憲法を制定する理由があやふやになってしまうからでしょう。日本国がポツダム宣言を受諾したため、国をつくりかえるために日本国憲法をつくる。そう書いた部分がなくなり、歴史から消えてしまえば、何かと不都合が生じる。前文に書いてあることが憲法の定義なのだから、これをなくすわけにはいかない。「八月革命」説などという小説風の抽象論を振り回すより、前文をしっかりと読むことのほうが重要だ。ＧＨＱはそのような考え方で前文をつくったわけです。

起草者は前文の重要性を強く主張しました。ところが、日本政府側ではそのような思い入れを理解しなかったため、日本国憲法の仮訳《かやく》をつくったときに前文を訳し忘れた、という有名なエピソードがあります。ＧＨＱの人がそれについて咎《とが》めると、日本側は「えっ、前文も憲法の一部なんですか?」と答えた。「何を言ってるんだ。これは重要な前文なんだから早く訳してくれ!」と言われて慌てて訳した。この逸話は、日本側の人たちが前文にほとんど注意を払っていなかった事情を端的に物語っています。こうした残念な背景があって、前文の解釈の乱れが生まれたのではないかと私は考えています。

日本国はポツダム宣言の論理を受諾して戦争を終わりにしました。その後の「ポツダム・プロセス」における義務履行の一環として、憲法をつくりました。前文はそのことを確認しています。では前文の第一段落を見てみましょう。

日本国民は、正当に選挙された国会における代表者を通じて行動し、われらとわれらの子孫のために、諸国民との協和による成果と、わが国全土にわたつて自由のもたらす恵沢を確保し、政府の行為によつて再び戦争の惨禍が起ることのないやうにすることを決意し、ここに主権が国民に存することを宣言し、この憲法を確定する。そもそも国政は、国民の厳粛な信託によるものであつて、その権威は国民に由来し、その権力は国民の代表者がこれを行使し、その福利は国民がこれを享受する。これは人類普遍の原理であり、この憲法は、かかる原理に基くものである。われらは、これに反する一切の憲法、法令及び詔勅を排除する。

We, the Japanese people, acting through our duly elected representatives in the National Diet, determined that we shall secure for ourselves and our posterity the fruits of peaceful cooperation with all nations and the blessings of liberty throughout this land, and resolved that never again shall we be visited with the horrors of war through the action of government, do proclaim that sovereign power resides with the people and do firmly establish this Constitution. Government is a sacred trust of the people, the authority for which is derived from the people, the powers of which are exercised by the representatives of the people, and the benefits of which are enjoyed by the people. This is a universal principle of mankind upon which this Constitution is founded. We reject and revoke all constitutions, laws, ordinances, and rescripts in conflict herewith.

前文の第一段落は、ポツダム宣言で謳《うた》った原則を表明しています。それによって、再び戦争が起こらないようにこの憲法をつくる、という経緯を確認しています。

「ここに主権が国民に存することを宣言し、この憲法を確定する」とありますが、ポツダム宣言と同様に、ＧＨＱ憲法草案でも現在の憲法英訳版でも、「国民」にあたるところは「people」です。「私たち日本人民（We, the Japanese people）」という書き出しは、合衆国憲法の書き出し「私たち合衆国の人民（We the People of the United States）」や、国連憲章の書き出し「私たち連合国［国連］の人民（We the People of the United Nations）」の書き出しと、全く同じ言い回しになっているわけなのです。この三つが深く結びついていることを、冒頭から示唆する文章ですね。

ところでこの最初の一文は、いきなり長い文章です。英文を見ると、複雑な構文になっています。わかりにくいかもしれませんが、基本は、「we proclaim ＊＊ and establish ＊＊」という、主語・述語・目的語の構文です。動詞のように見えるいくつかの単語、「acting」「determined」「resolved」は、現在分詞および過去分詞で、主語「We」の状態を描写しているだけで、過去形ではありませんから、注意してくださいね。

主語である「私たち日本人民（We, the people）」は、「正当に選挙された国会における代表者を通じて行動」します。重要なことですが、「我々は主権者だ、我々はこれを意思している、言うことを聞け！」というふうには行動しません。「国民」は、あくまでも「代表者」を通じて、行動します。

この「私たち」は、「諸国民との協和による成果」と、「自由のもたらす恵沢《けいたく》を確保」することを目指し、「政府の行為によつて再び戦争の惨禍が起ること」を避けようとしています。

このように考えている「私たち」が、自らが主権を持っていることを宣言し、憲法を制定します。つまり前文の第一文は、「諸国民との協和」「自由の恵沢」「戦争の惨禍の回避」が、私たちが憲法を制定する理由であることを説明しています。

この説明の仕方が、「ポツダム・プロセス」の論理を要約するものであることは、言うまでもありません。「私たち人民」は、戦争を繰り返さないために、連合国をはじめとする諸国民と仲良くしようとします。そのためには私たち人民は自由でなければなりません。旧政府の戦争犯罪人を追い払った後、自由な私たち人民こそが、正当な代表者からなる平和的で責任ある政府をつくることができます。憲法前文は、この論理構成を確認しています。

日本国憲法における「主権」概念

すでに述べたように、「We the people」という書き出しは、合衆国憲法や国連憲章で使い古された決まり文句で、そこにJapaneseという言葉を入れているだけです。ただし、合衆国憲法には「主権者はpeopleである」という文言はありません。これに対して、日本国憲法の前文では「sovereign power resides with the people（主権的権力は人民に存する）」という文言が付け加えられています。

GHQは二週間も経たないうちに憲法の草案をつくりあげました。彼らは、机の上に合衆国独立宣言、合衆国憲法、国連憲章、不戦条約などを置き、それらを参照しながら徹夜で草案をつくったことでしょう。ただ、日本人の憲法草案も少しは勉強し、場合によっては採り入れることになりました。とはいえ、大日本帝国憲法の文言を採り入れるわけにはいきません。彼らは在野の憲法草案を調べ、英訳させて、読みました。この憲法前文の第一文で出てくる「主権的権力（sovereign power）」という概念は、GHQの起草者が、日本人の民間の憲法草案を研究して、採り入れたものだと言われています。

日本の民間の運動家の間では、明治時代の自由民権運動のときから、フランス革命を模して民主主義的な憲法をつくろうとする板垣退助や植木枝盛《えもり》らの思想の影響が強かったのです。GHQが採り入れたとされている鈴木安蔵《やすぞう》が提案した憲法典も、自由民権運動の植木枝盛型の憲法案でした。そこには主権者は国民・人民であると書かれていたため、GHQはその文章を憲法草案に採り入れました。そこで英米法では異質な国民主権の概念が、前文に挿入されることになったのです。これは日本国憲法では珍しい事態ですね。ただ、実際の憲法の文章を見てみると、主権が国民に存する、という文言は、単に憲法制定の根拠として参照されているにすぎませんので、その点も留意してください。

英米法・国際法の色彩が強く、それが基本的な論理構成となっている日本国憲法にふりかけのように入っているのが「主権が国民に存する」という文言です。ふりかけ部分によって、基本論理構成がオセロゲームのようにひっくり返っていく理由はありません。ただ「主権は国民に存する」という言葉が付け足されただけに過ぎないのですから。「主権は国民に存する」の概念は、前文冒頭の一文で憲法制定の根拠として登場する以外には、第一条で天皇が国民の象徴であることを説明するときだけにしか登場しません。それ以外の箇所では、参照もされません。これは憲法「確定」の根拠を示している文章でしかないのです。

憲法の「一大原理」＝「信託」

さて前文の二文目は、憲法の根本原理を説明する重要な箇所です。二文目の内容を、三文目が、「これは人類普遍の原理であり、この憲法は、かかる原理に基くものである」と説明しています。「人類普遍の原理（a universal principle of mankind）」とは、この憲法が依拠している（upon which this Constitution is founded）根本原則のことです。二文目の内容にたいして、三文目では「人類普遍の原理イコール日本国憲法の根本原理である」と説明していますす。そして四文目では「われらは、これに反する一切の憲法、法令及び詔勅を排除する」と宣言しています。「これに反する一切の憲法」まで許さないということは、二文目の内容である「人類普遍の原理」に反する憲法改正は行ってはいけない、ということです。日本国憲法において、憲法改正の範囲を規定するほどの絶対的な地位を与えられているのは、前文二文目で説明されている「原理」だけです。

「これに反する一切の憲法」というのはとても興味深い言い方ですね。ふつう、憲法というのはひとつしかないのですから。もう一つ別の憲法をつくることを想定していたのではなく、憲法改正のことを言っているのだ、と考えるべきでしょう。つまり日本国憲法ができたとき、憲法改訂の制約をつくりあげたということです。憲法はどんどん変わっていくかもしれないが、この一つの原理に背くものだけはつくってはならない。一九四六年の主権者はそう宣言したわけです。日本国憲法の改正の制約においては、「人類普遍の原理」に反しているかどうかだけが唯一の審査基準となる。それに反していれば改正できないけれども、反していなければどんどん変えてもいい。それが、日本国憲法は人類普遍の原理に「基く」ということの具体的な意味です。

ここで憲法前文の二文目に注目してみましょう。「そもそも国政は、国民の厳粛な信託によるものであつて、その権威は国民に由来し、その権力は国民の代表者がこれを行使し、その福利は国民がこれを享受する」。

残念ながら、これは一つの文章としてやや長い。これが学生の論文であれば、指導教官は「もう少しすっきりした言い方ができないのかな。三つの文章に分けてみたら？」といった提案をするでしょう。おそらくさまざまな思いから、このような長めの文章になってしまったのでしょう。しかし背景を踏まえて丁寧に読めば、理解することが困難というほどのものでもありません。

二文目に書かれている「国政は、国民の厳粛な信託によるものである（Government is a sacred trust of the people)」という精神こそが、日本国憲法が「基く」根本原理であり、なおかつ「人類普遍の原理」です。アメリカの独立宣言、合衆国憲法やその他の憲法に、日本国憲法と似た表現があるのは、この憲法の原理が「人類普遍の原理」だからである。憲法前文は、そういう説明をしています。

「国政は、国民の厳粛な信託によるものである」という「原理」は、何を意味しているのでしょうか。政府とは、人民（people）がtrust（信託行為）を行い、つくりあげるものである、という社会契約論的な発想にもとづいた「信託」の重要性を示しています。

たとえば夜中に泥棒が来てお金などを盗まれてしまうと困るので、夜中に見回りしてくれ

リンカーンのゲティスバーグ宣言

る警察官がいると助かる。その際、給料が必要というのであれば税金を払ってもいい。政府はこのような「信託」行為によってつくられている。この「信託」原理は、日本国憲法が依拠している最高の原理であり、政府に必ず適用される。ここではそういうことが語られています。

つまり日本国憲法は、英米思想に伝統的な社会契約論を、「人類普遍の原理」とみなす考え方を根本に持っているわけです。さらに言い換えという形で、この「原理」の説明が、二文目の後半に出てきます。「その権威は国民に由来し、その権力は国民の代表者がこれを行使し、その福利は国民がこれを享受する」。この一文は、おそらく意図的に長めの説明文になっていますが、要約すれば、「人民の人民による人民のための政治」ということです。つまりリンカーンのゲティスバーグ演説の有名な言葉を引用して、これこそが憲法が依拠する「人類普遍の原理」だと宣言しているのが、日本国憲法の前文です。

人民と政府は「人類普遍の原理」としての「信託」にもとづく約束を交わし、政府に一定の政策を取る権限を与える。ただしその代わりに、権限が濫用されないように、人民の側は注意深く見守っていく。国家はそのような契約関係で運営されていく、ということを、憲法前文は語っています。

では人民は、政府をどのようにしてチェックするのでしょうか。審査基準は、「人民の人民による人民のための政治」です。国民の代表者が権力を正しく行使し、国民がその福利を享受しているかどうか。もっと手短に言えば、社会契約の内容として「人民の人民による人民のための政治」が運用されているかどうか。そのような基準でチェックして「信託」行為がうまく運用されているかどうか見守り、国家運営をうまく進めていくことになります。

日本人はリンカーンのゲティスバーグ宣言をよく知っていますから、二文目の「その権威は……」以降は「人民の人民による人民のための政治」と書いておいてくれたほうが、わかりやすかったですよね。まわりくどい言い方になってしまったのは残念ですが、リンカーンのゲティスバーグ宣言をそのまま引用するのは、起草者のアメリカ人が躊躇《ちゅうちょ》したのでしょうね。そこで「人民の」は「権威は国民に由来（the authority for which is derived from the people)」、「人民による」は「権力は国民の代表者がこれを行使（the powers of which are exercised by the representatives of the people)」、「人民のための」が「福利は国民がこれを享受（the benefits of which are enjoyed by the people)」となった。ここではとても丁寧に言葉を補って言い換えられていますが、いずれにせよ手短に言えば、「人民の人民による人民のための政治」が、「人類普遍の原理」としての「国政は国民の厳粛な信託」なのです。

前回の講義（第1章）で述べたように、ポツダム宣言は、戦争犯罪人と人民を分け、人民が新しく契約行為を行って政府をつくることを提案しました。アフガニスタンのボン・プロセスがあるとすれば「ポツダム・プロセス」と言うべきものがあり、その一環として日本国憲法がある。そうであるとしたら、日本国憲法は「ポツダム・プロセス」の肝ですね。

ポツダム宣言の受諾により戦争犯罪人を取り締まり、犯罪人が抑圧のために使っていた大日本帝国軍などの道具をすべて消去したいまこそ、人民は新しく契約をやり直す。そのとき日本人民は、新しい平和的で責任ある政府を樹立する。そして連合国をはじめとする諸国に向かって、そのことを宣言する。ポツダム宣言の精神はすなわち人類普遍の原理であり、それを表現するのがこの憲法をつくった目的なので、それだけは絶対に破らず、忘れない。そういうことが前文に書かれているわけですね。

フィラデルフィア制憲議会でアメリカ合衆国憲法に署名する様子（ハワード・チャンドラー・クリスティ画）

ここで参考までに、アメリカ合衆国憲法の前文を見てみましょう。

われら合衆国の人民は、より完全な連邦を形成し、正義を樹立し、国内の平穏を保障し、共同の防衛に備え、一般の福祉を増進し、われらとわれらの子孫のために自由の恵沢を確保する目的をもって、ここにアメリカ合衆国のためにこの憲法を制定し、確定する。

We the People of the United States, in Order to form a more perfect Union, establish Justice, insure domestic Tranquility, provide for the common defense, promote the general Welfare, and secure the Blessings of Liberty to ourselves and our Posterity, do ordain and establish this Constitution for the United States of America.

合衆国憲法もまた、戦争があり、その後に平和がつくられたから憲法をつくる、という論理構成を説明しています。われらとわれらの子孫のために自由がもたらす恵沢を享受したい。日本国憲法前文の英文では「secure for ourselves and our posterity...the blessings of liberty」となっていますが、合衆国憲法の前文を見るとこれとほぼ同じ文言がある（secure the Blessings of Liberty to ourselves and our Posterity）。憲法本文を見ると気づきにくいですが、GHQ草案そのままの英文の方を見ると、文章がまったく同じあることがわかります。リンカーンのゲティスバーグ宣言は引用符を付けて引用するようなことはしませんでしたが、日本国憲法前文のこのくだりは、完全に合衆国憲法の引用です。「人類普遍の原理」を標榜《ひょうぼう》する「ポツダム・プロセス」は、合衆国憲法とも明示的につながっているわけです。

[質問]立憲主義とは、国家権力を縛ること、という理解が広く信じられています。日本国憲法の立憲主義は、これとどう違うのでしょうか。

政府は国民の厳粛な信託による。これは国家構成の最高原理、人類普遍の原理であり、これを守ることが立憲主義の中枢である。日本国憲法の前文からはそのようなことが読み取れます。

政府が信託に違反している場合は制約し、政府が信託を守るために行動している場合は背中を押すのが立憲主義です。政府が人権侵害をするのは契約違反なので、これをやめさせなければ立憲主義が破壊されてしまう。政府は国民の安全を守るため、安全保障政策を導入・実行している。国民はその背中を押し、安全のために真に必要なら税金を余分に払ったりする。これが信託の実行につながります。常に国民が政府を制約することは必ずしも立憲主義ではない。信託に反していれば制約し、信託を実行している場合には支持を与える。これこそが立憲主義です。

「何でもいいから政府を批判すれば、それだけで立憲主義者になれる」といった暴論を、正面から主張している人は、さすがにそれほどはいない、と思いたいですけどね。ただ実際には、そのように考えているようにしか見えない方々もたくさんいらっしゃる。悩ましいですね。

今日は初学者向けに憲法講義をしていますから、少し理論的な話につなげておきましょう。日本の憲法学者は、「主権は絶対不可侵かつ不可分である。これは誰も逆らうことができず、すべて主権者に従わなければならない」と考える傾向が強すぎます。日本国憲法の場合、主権は国民にある。とにかく国民が一番偉く、国民の言っていることには誰もがひれ伏し、従わなければならない、といった話を憲法がしているように憲法学者の方々は語ります。そうなると政府は国民の全体ではないため、国民の印籠《いんろう》を見せられたら政府はひれ伏すほかない、というイメージが出てきます。

こうした風潮が転じて、学者同士で議論している場合でも、「自分たちの方が国民に寄り添っている」、「いや俺のほうが」、といった、ふわっとした政治スローガンで、相手をやりこめようとする場合すら出てきます。さらには「お前の言っていることはアメリカに付き従う見方だから主権者国民の視点に反している」とか、勝手な「国民」の存在を振り回して、相手をやりこめたつもりになったりする。議論と称して、「主権者・国民」という錦《にしき》の御旗《みはた》の取り合いをしているだけなのですね。学者だと言っても、これでは政治運動家と何ら変わりません。

実は、憲法が言う「国民」は、せいぜい非常に抽象的な存在でしかないんです。これを実体的にとらえようとすると、ご都合主義のファシズムの主張しか出てきません。「八月革命」説は典型例ですが、自分の主張したいことを裏付けるために、謎の「国民」が謎の「革命」

をいつの間にか起こしていた、などという主張を押し通すことにもなります。そして絶対的な主権者は国民で、自分はその絶対的な主権者である国民を語っているから、自分の見解が絶対に正しい、といった結論を持ってこようとします。

契約論で物事が進んでいくことを受け入れ、政府をつくることも憲法典をつくることも契約関係でやればいいという考え方と、国民はとにかく絶対だから国民が自ら憲法典に書いたことを実行しなければならないという考え方では、大きな違いがある。後者の絶対主権論の考え方で政府と国民の関係を考えてしまうと、謎の絶対主権者・国民によって、政府はとにかく制約され続けなければならない、という否定的な立憲主義しか出てきません。しかしそれは前者の本来の日本国憲法の立憲主義とは違います。

主権の概念にたいするロマン主義的な理解は日本特有の事情であるとして、伊藤博文と井上毅は、大日本帝国憲法を制定する際、天皇の大権を説明するために「統治権」という神秘的な概念をつくりました。古事記から発想を得たと言われています。驚くべきことに、この法的根拠のない概念が、いまだに日本の憲法学にも残存しています。日本の憲法学者あるいは公務員試験・司法試験の受験者だけが、その実在を信じている、謎の概念です。憲法学者の方々は、「統治権」という概念をしばしば用いているものの、きちんと説明しないのです。

なぜなら「統治権」の根拠を探していたら、ただ大日本帝国憲法にぶち当たるだけだから、説明できないのです。それなのに習慣として用い続けてしまっている。

その結果、意識的であれ、無意識的であれ、絶対主権者である国民が、統治権を行使する政府に対峙《たいじ》する、というイメージが補強されていきます。合衆国憲法であれば、人民を源泉とする権力（Power）が、連邦政府と州政府に移譲され、さらに三権に分割されて行使されていく、という体系があります。日本国憲法も本来は同じ考え方に依拠しています。ところが日本の憲法学では、何か本質的に異なった「主権」と「統治権」があって、両者が対峙してしまっている。そのとき、「主権」者である国民が「統治権」を行使する政府を制限するのが立憲主義だ、といった粗削りなイメージが横行することになります。

戦後七〇年以上にわたり、日本の憲法学では「（偉い憲法学者のよく売れている本に書いてあるから）あるとされている」という「統治権」と、日本国憲法で言及されてはいるがその実態はよくわからない「主権」という概念が並存した状態で、憲法典の体系が説明されてきました。憲法学者たちは、これらは重なっていると言っているようですが、まったく同じであるならば二つの言語を使っている意味がありません。「まったく同じなら統治権を廃止して、主権だけにすればいいじゃないか」と言うと「それはちょっと違う」と言います。彼らは、統治機構が行使する権力が統治権だ、などとも言いますが、それは統治権ではなく、主権から派生した行政権・司法権・立法権です。

主権と統治権の概念については一九一〇年の日韓併合をめぐる立作太郎《たちさくたろう》と美濃部達吉《みのべたつきち》の有名な論争があります。立・美濃部論争というのは一九一一年の『法学協会雑誌』で約一年間にわたり、それぞれが四、五本ぐらい論文を書き合っていく長大かつ苛烈《かれつ》なものですが、読んでいても両者はさほど目新しいことは言っていませんでした。

立作太郎は東京帝国大学法学部の国際法学者で、美濃部達吉は東京帝国大学法学部の憲法学者です。立は日韓併合により、併合前に行った朝鮮の条約は無効になると主張しました。たとえば中国とある条約を結んでいたとしたら、日本はそれを承継する必要はない、ということです。もともとは日本・朝鮮という実体があったけれども、朝鮮という実体が消滅して日本に領土と国民を吸収されただけなので、消滅した実体がかつて持っていた条約を日本が承継するという論理構成はないと考えました。これは朝鮮の主権の消滅というかたちで説明されます。

一方で美濃部は、仮に朝鮮という国が日本に併合されても統治権は残存すると主張しました。併合後も統治権に基づいて行った条約は残存し続けるから、大日本帝国はこれを承継すべきである、と主張したのです。

ここでは朝鮮が併合前に行った条約を継承するかどうかについて、大きな結論の違いがあります。立作太郎は非常に激烈な言葉で美濃部を攻撃し、美濃部も負けずにやり返しました。根本は「統治権なんていうのは聞いたことがない」という人と「統治権は永遠絶対で消滅することはない」と固く信じている人と間の論争ですね。立は「統治権とかよくわからない概念は国際情勢に関係ないし、せいぜい主権の言い換えでしょ」という突き放した態度をとる。美濃部は「国際法でどう解釈されていようと、世の中に重力があってリンゴが木から落ちるのと同様に、統治権というのは絶対にあるんだ」と言って譲らない。両者の論争は完全なすれ違いでした。

なぜ美濃部は、統治権は絶対に存在し、永遠不変である、といわんばかりの主張をしたのでしょうか。大日本帝国憲法の世界観にどっぷりと浸かっていたからです。主権と同様に統治権というのはどこかに存在していて、イギリスでは国王が持っていて、日本では天皇が持っているという一つの抽象議論を、美濃部はひどく実体的にとらえていました。統治権というのは、大日本帝国憲法起草時に、伊藤博文と井上毅が政策的観点でつくりだした概念に過ぎない、といった突き放した見方は、美濃部の頭の中にはなかったようです。美濃部によれば、「統治権」は、政治社会がそこにある限り、ひとつの法則として働き続けるものでした。美濃部にはそのような固い信念があり、「この信念を失ってしまえば、自分は憲法学者をやっていけなくなる」というくらいに深刻な事柄だったのでしょう。

日本の立憲主義の閉鎖的な概念枠組みは、非常に根が深いのです。ただし日本国憲法は、そのようなややこしい事情は全く知らないアメリカ人たちが起草したものですから、極めて単純明快で素直な論理構成になっています。司法試験／公務員試験対策をしているので憲法には関心がない、関心があるのは憲法学だけだ、という方は別ですが、資格試験よりも憲法のほうに関心がある方は、もっともっと素直に憲法を読んでいってほしいと思います。

第3章

憲法が標榜する責務とはなにか

――国際契約

憲法における平和愛好諸国への信頼（trust）

「ポツダム・プロセス」の論理構成を反映した立憲主義の考え方を念頭に置きながら、憲法前文の第二段落を見ていくことにしましょう。

日本国民は、恒久の平和を念願し、人間相互の関係を支配する崇高な理想を深く自覚するのであつて、平和を愛する諸国民の公正と信義に信頼して、われらの安全と生存を保持しようと決意した。われらは、平和を維持し、専制と隷従、圧迫と偏狭を地上から永遠に除去しようと努めてゐる国際社会において、名誉ある地位を占めたいと思ふ。われらは、全世界の国民が、ひとしく恐怖と欠乏から免かれ、平和のうちに生存する権利を有することを確認する。

We, the Japanese people, desire peace for all time and are deeply conscious of the high ideals controlling human relationship, and we have determined to preserve our security and existence, trusting in the justice and faith of the peace-loving peoples of the world. We desire to occupy an honored place in an international society striving for the preservation of peace, and the banishment of tyranny and slavery, oppression and intolerance for all time from the earth. We recognize that all peoples of the world have the right to live in peace, free from fear and want.

ここで日本国憲法は、わざと人類普遍の原理である信託（trust）という言葉を動詞として使い、「平和を愛する諸国民の公正と信義に信頼（trusting in the justice and faith of the peace-loving peoples of the world）」を置いて「われらの安全と生存を保持しようと決意した（we have determined to preserve our security and existence）」と宣言しています。国内社会の立憲主義の基盤が「信託（trust）」であったとすると、国際社会の「諸国民との協和」の基盤もまた「信頼（trust）」にあります。国内社会の原理と、国際社会の原理とが、「trust」という言葉で結びつけられていることがわかります。

ちなみに憲法前文では、一貫して時制では現在形が用いられています。ところがGHQ草案＝憲法英語版をよく見ると、唯一の例外として、この前文二段落目に現在完了形があることがわかります。「平和を愛する諸国民の公正と信義に信頼して、われらの安全と生存を保持しようと決意した」のところで、「have determined」という完了形が用いられているのです。憲法制定の時点までに、決意をする行為が完了したことを意味しています。いったいこれは何を意味しているのでしょうか。

言うまでもなく、ポツダム宣言受諾の時点で、日本人民は「平和を愛する諸国民の公正と信義に信頼して、われらの安全と生存を保持しようと決意した」のです。そのため憲法典では、現在完了形で、既に完了した決意という行為が参照されているのでしょう。

この「ポツダム・プロセス」を開始させる「決意」の内容を理解するためには、いくつかのキーワードに対して注意を払っていく必要があります。まず、「平和を愛する諸国民（the peace-loving peoples）」という概念を見てみましょう。ちょっと面白い独特の表現ですが、いったい「平和を愛する諸国民」とは誰のことなのでしょうか。

実は答えは決まっています。国連憲章を見てみてください。憲章第四条一項では、国連加盟国が「平和愛好国（peace-loving states）」と表現されています。「平和を愛する諸国民」とは、第一義的には、国連加盟国のことを指しているのです。

国際連合における加盟国の地位は、この憲章に掲げる義務を受託し、且つ、この機構によってこの義務を履行する能力及び意思があると認められる他のすべての平和愛好国に

大西洋憲章にプリンス・オブ・ウェールズ艦上で署名したローズベルトとチャーチル

開放されている。

Membership in the United Nations is open to all other peace-loving states which accept the obligations contained in the present Charter and, in the judgment of the Organization, are able and willing to carry out these obligations.

皆さんは「国連(United Nations)」が、第二次世界大戦中の「連合国(United Nations)」を恒常組織化させたものであることを知っていますか。そして連合国側の諸国が、自らのことを「平和愛好国」と呼んでいたことを知っていますか。一九四〇年にアメリカのローズベルト大統領とイギリスのチャーチル首相が会談して、第二次世界大戦の目的を明らかにする宣言を発しました。これを「大西洋憲章」と言いますが、この中で、連合国側の諸国は「平和を愛する諸国民（peace-loving peoples）」と表現されています。

一九四六年にアメリカ人によって起草された日本国憲法が、これらの用語法と全く無関係であると仮定することは、不可能です。憲法前文で、日本人民は、旧連合国側の諸国を中核とする国連加盟国を信頼して、「自国の安全と生存を保持」する決意を表明しているのです。すでに見たように、この文章にのみ「have determined」と現在完了形が使われていることを鑑みると、すでにポツダム宣言受諾時に、この「決意」がなされた、とみなすのが自然です。確かに、相手側を「信頼」するのでなければ、ポツダム宣言を受諾することはできなかったでしょうから、「ポツダム・プロセス」の観点からすると、この憲法前文第二段落は、史実の確認を行っているに過ぎない、とも言えるかもしれません。

消えた「正義（justice）」の謎

次のキーワードは、「Justice」です。GHQ草案で「Justice」とされていた言葉は、当初は普通に「正義」と訳されていました。しかし日本政府による公式憲法案の作成過程の最終段階の公表日の当日になって、「正義」は「公正」に変更させられました。この変更の理由はわかっていません。理由はともかく、「Justice」が「正義」ではなく「公正」になってしまったことによって、見えなくなってしまったいくつかの重要な事実があります。

第一に、憲法九条と前文の連動性が見えにくくなりました。九条の冒頭で「正義と秩序を基調とする国際平和」という概念が用いられています。英文を見れば、この九条の「正義」は「Justice」です。ところが日本語では、両者の連動性が見えにくくなってしまいました。このことは、後でふれる九条解釈論において、注意を払うべき事実です。

第二に、憲法と国際法との連動性が見えにくくなってしまいました。国連憲章は、その前文において「正義と条約その他の国際法の源泉から生ずる義務の尊重とを維持することができる条件を確立」することを誓っています。憲章第一条および第二条は、紛争の解決を「正義及び国際法の原則に従って実現」すべきことを謳《うた》っています。「平和を愛する諸国民」が国連加盟国であることを考えれば、国連憲章と日本国憲法との連動性は、非常に重要な点です。

第三に、憲法と合衆国憲法の理念との連動性が見えにくくなってしまいました。合衆国憲法は、「我ら合衆国の人民（We the People of the United States）」が、憲法を制定するにあたり、まず「より完全な連邦を形成」するために、「正義を樹立する（establish Justice）」ことを宣言しています。「我ら合衆国の人民」が、「正義（Justice）」を樹立する。次に、「我ら日本人民（We, the Japanese people）」がその「Justice」を「信頼する（trust）」。信頼は、「安全と生存を保持」するレベルにまで及びます。

日本国憲法前文は、明らかに、国内の社会契約の論理のところで使った「信託／信頼（trust）」という言葉を用い、合衆国憲法で確立された「正義（Justice）」を参照しています。連合国と国際連合の中核国であったアメリカ合衆国は、「平和を愛する諸国民」の筆頭格という扱いでしょう。

世の中には、特に日本には、「万が一にもアメリカ人だけは平和愛好国などであるはずがない」と言う人が多いかもしれません。ただGHQの憲法起草者が、「うちの国だけは平和愛好国ではない」と思っていた経緯はありません。むしろ前文の第二段落は、国内の社会契約の論理をそのままアメリカ人を中心とする連合国が打ち立てた「正義」への信頼につなげ、連合国の「正義」への信頼に基づいて日本国民の安全と生存を図っていく、という世界観・信念・決意を表明している、と理解せざるをえないのです。

日本がサンフランシスコ講和条約調印を果たして主権回復を達成したその日から、アメリカとの間で日米安全保障条約体制を維持し続けているのは、つまりアメリカという「平和愛好国」の「正義」を「信頼」して、「安全と生存を保持」する体制を維持し続けているのは、もともと憲法典で予定されていた仕組みだったと言ってもいいでしょう。

これを見て「こんな憲法前文は間違っているから変えよう」と思うか、それとも「こんな憲法前文は嫌だから見て見ぬふりをしよう」と思うか。あるいは「別にそれでいいんじゃない」と思うか。この講義の内容を理解してはじめて、これらの選択肢のうちどれを取るかと判断ができるでしょう。しかし素直な憲法解釈それ自体を無視しようとするのは、よくありませんね。

日本は、戦後に平和を達成したとき、ポツダム宣言を受け入れて、それにそって憲法典をつくりました。国内では社会契約の論理に基づく政治を「人類普遍の原理」として打ち立て、国際的にはポツダム宣言の提案をしてくれたアメリカ合衆国を筆頭とする連合国の「公正（Justice）と信義」を信頼し、自国の「安全と生存を保持する」決意をしました。これが、憲法前文が説明していることです。

ところで憲法前文第二段落には、「われらは、全世界の国民が、ひとしく恐怖と欠乏から免かれ、平和のうちに生存する権利を有することを確認する」とありますが、これはフランクリン・D・ローズベルトの四つの自由（表現の自由、信仰の自由、欠乏からの自由、恐怖からの自由）という政策的スローガンの中にある言葉で、大西洋憲章でも使われた言葉でもありました。大西洋憲章第六項は以下の通りです。

六．「ナチ」ノ暴虐ノ最終的破壊ノ後両国ハ一切ノ国民ニ対シ其《ソ》ノ国境内ニ於《オ》テ安全ニ居住スルノ手段ヲ供与シ、且《カ》ツ一切ノ国ノ一切ノ人類カ恐怖及欠乏ヨリ解放セラレ其ノ生ヲ全《マッ》トウスルヲ得ルコトヲ確実ナラシムヘキ平和カ確立セラルルコトヲ希望ス。

6. "After the final destruction of the Nazi tyranny, they hope to see established a peace which will afford to all nations the means of dwelling in safety within their own boundaries, and which will afford assurance that all the men in all the lands may live out their lives in freedom from fear and want."

また、「専制と隷従、圧迫と偏狭を地上から永遠に除去しようと努めてゐる」というのは、米・英・ソの首脳が初めて一堂に会した一九四三年「テヘラン会談」の際に発せられた「テヘラン宣言」の中の文言と同じです。

日本は、ポツダム宣言を受諾して日本国憲法をつくるにあたり、連合国のドクトリンを受け入れることを「決意」しました。この「ポツダム・プロセス」の理念的な部分が、憲法前文で書かれているのです。こうした率直な「決意」を通じて、やがては国際的に名誉ある地位を占めるところまで行きたい、という気概が示されているのが、この憲法前文第二段落なのです。

憲法における国際契約

このような文脈をふまえて、さらに前文の第三・第四段落を見てみましょう。

> われらは、いづれの国家も、自国のことのみに専念して他国を無視してはならないのであつて、政治道徳の法則は、普遍的なものであり、この法則に従ふことは、自国の主権を維持し、他国と対等関係に立たうとする各国の責務であると信ずる。
>
> 日本国民は、国家の名誉にかけ、全力をあげてこの崇高な理想と目的を達成すること

を誓ふ。

We believe that no nation is responsible to itself alone, but that laws of political morality are universal; and that obedience to such laws is incumbent upon all nations who would sustain their own sovereignty and justify their sovereign relationship with other nations.
We, the Japanese people, pledge our national honor to accomplish these high ideals and purposes with all our resources.

この第三段落に書かれている「自国のことのみに専念して他国を無視してはならない」とは、いったい何を念頭に置いた表現なのでしょうか。前文の最初の文章を思い出せば、日本人民が、過去の大日本帝国時代の日本を反省して、このように言っているということが判明してくると思います。

ポツダム宣言受諾までの日本は、自国のことのみに専念して他国を無視し、戦争の惨禍を引き起こした。今後はそのようなことが起こらないようにするためポツダム宣言を受諾し、新しい憲法をつくる。だから憲法前文において、自国のことのみに専念して他国を無視してはならない、と宣言する。これが「政治道徳の法則」を守る宣言です。この宣言の実行を通じて、日本は、自国の主権を維持し、他国と対等関係に立つ地位を得る。憲法前文第三段落は、こうした考え方を、「責務」と呼んで、再確認しています。

一九四六年当時の日本は、まだ占領下にあり、自国の主権を維持できていない状態でした。そういう状態に陥ってしまったのは、「政治道徳の法則」を遵守《じゅんしゅ》しなかったからだ、というのが「ポツダム・プロセス」の見取図です。そこで日本人民は、新しい憲法の制定を通じて「政治道徳の遵守」を「責務」として受け入れる宣言をすることになります。遵守が実際に実行されていることが確認されたならば、日本の主権は回復される、というのが「ポツダム・プロセス」の行程表です。

要するに、この第三段落では、ポツダム宣言でつくられた「ポツダム・プロセス」の完遂点が再び確認されているわけです。社会契約の論理が打ち立てられ、それが国際契約にもつながるかたちで諸国に認められれば、日本の主権は回復され、他国と同じ主権国家に戻ります。その過程では戦争犯罪人ならびにその道具であった大日本帝国軍も除去されており、日本人民が自由な意思に基づいて社会契約論に基づいた政府を新たに確立し、運用している状

サンフランシスコ講和条約での吉田茂首相を含む6全権

態になっているはずでしょう。「ポツダム・プロセス」から考えて、この第三段落で示されている行程表は、一九五一年サンフランシスコ講和条約によって達成された、と言えるでしょう。

「ポツダム・プロセス」の完遂点

それでは、「ポツダム・プロセス」の到達点である一九五一年のサンフランシスコ講和条約を見てみましょう。

第五条（C）連合国としては、日本国が主権国として国際連合憲章第五十一条に掲げる個別的又は集団的自衛の固有の権利を有すること及び日本国が集団的安全保障取極を自発的に締結することができることを承認する。

サンフランシスコ講和条約は、日本国が主権国家に戻ることを認め、これでほんとうに戦争状態が終わった、と確認した宣言です。ポツダム宣言受諾から始まる義務履行プロセスが完遂し、当事者たちがチェックして、「確かに完遂している、自由な意思に基づく社会契約論に則った政府ができて、ちゃんと運用されている。日本は今日から主権国家だ」と公式に認めた宣言です。

これによって、日本国憲法前文の第三段落で言われているように、日本はもはや自国のことのみに専念して他国を無視するような国ではなくなり、「政治道徳の法則」を普遍的なものとして受け入れている「平和を愛する国民」の一つになりました。つまり自国の主権を完全に維持し、他国と対等な関係に立つ国に生まれ変わりました。そのことが諸国から認められ、「ポツダム・プロセス」が終了しました。

「ポツダム・プロセス」は、一九四五年に開始され、一九五一年のサンフランシスコ講和条約をもって完遂しました。そのプロセスについてはポツダム宣言でスケジュールが提案されており、日本がそれを受諾し、さらに遂行する「決意」を国内最高法規でも宣言したのが、日本国憲法の前文です。

ソ連が拒否権発動したために、サンフランシスコ講和条約の直後の日本の国連加盟申請は果たされませんでしたが、一九五六年には国連加盟を果たしています。国連憲章ならびにそれを運用する国々の「justice」観を信頼し、国際法（International Law）の「justice」を信頼し、安全を維持していく国として認められたのです。「ポツダム・プロセス」履行の論理を宣言した憲法前文にしたがって、日本は今日に至るまで、その「平和愛好国」の状態を維持し続けています。

憲法一三条「幸福追求権」とアメリカ独立宣言のつながり

今回の講義の最後に、憲法一三条についてふれておきたいと思います。

すべて国民は、個人として尊重される。生命、自由及び幸福追求に対する国民の権利については、公共の福祉に反しない限り、立法その他の国政の上で、最大の尊重を必要とする。

トーマス・ジェファーソン（中央の背の高い人物、ジョン・トランブル画「アメリカ独立宣言」）

All of the people shall be respected as individuals. Their right to life, liberty, and the pursuit of happiness shall, to the extent that it does not interfere with the public welfare, be the supreme consideration in legislation and in other governmental affairs.

「すべて国民は、個人として尊重される」ということは、「人民（people）」は「諸個人（individuals）」であり、各個人は自然権というべき「最大の尊重を必要とする」「権利」を持っている。それは「生命（life）」、「自由（liberty）」、「幸福追求（the pursuit of happiness）」に対する権利のことである。

この憲法一三条の文言は、アメリカ独立宣言からとってきたものですね。トーマス・ジェファーソンが起草したアメリカ独立宣言は一七七六年、一三州がイギリス国王の暴虐に対抗して発したものです。独立宣言の文言を見てみましょう。

われわれは、以下の事実を自明のことと信じる。すなわち、すべての人間は生まれながらにして平等であり、その創造主によって、生命、自由、および幸福の追求を含む不可侵の権利を与えられているということ。こうした権利を確保するために、人々の間に政府が樹立され、政府は統治される者の合意に基づいて正当な権力を得る。そして、いかなる形態の政府であれ、政府がこれらの目的に反するようになったときには、人民には政府を改造または廃止し、新たな政府を樹立し、人民の安全と幸福をもたらす可能性が最も高いと思われる原理をその基盤とし、人民の安全と幸福をもたらす可能性が最も高いと思われる形の権力を組織する権利を有するということ、である。

We hold these truths to be self-evident, that all men are created equal, that they are endowed by their Creator with certain unalienable Rights, that among these are Life,

Liberty and the pursuit of Happiness. — That to secure these rights, Governments are instituted among Men, deriving their just powers from the consent of the governed, — That whenever any Form of Government becomes destructive of these ends, it is the Right of the People to alter or to abolish it, and to institute new Government, laying its foundation on such principles and organizing its powers in such form, as to them shall seem most likely to effect their Safety and Happiness.

イギリス国王は我々との間の社会契約を踏みにじった。我々をあのようにしていじめるのは、国王が契約履行をしていない証拠だ。我々人間は生まれながらにして平等で、生命・自由・幸福追求の権利を持っている。この権利を確保するため、人々は政府を樹立し、政府は統治される者の合意に基づいて正当な権力を行使する。したがって、イギリス国王のように契約違反行為を行い続けるような者には従わない。我々は、革命を起こし、イギリス国王の支配下から離脱する。独立宣言にはこのようなことが書かれています。

生まれながらに平等で生命・自由・幸福追求の権利を持っている諸個人が、社会契約の論理にもとづいて政府をつくる。日本国憲法前文および一三条の論理構成は、アメリカ独立宣言で謳われている論理構成と同じです。この考え方が、「人類普遍の原理」とされているのですね。

かつて大日本帝国時代の日本は、この「人類普遍の原理」を認めていなかった。そこで新しい憲法を制定して、「人類普遍の原理」の遵守を宣言することになったのが、「ポツダム・プロセス」です。主権を制限された状態に陥っているけれども、「人類普遍の原理」を遵守して、連合国側を信頼した安全保障政策も採用し、国際契約を履行する「責務」を果たせば、主権も回復される。

こうして、憲法前文では、社会契約と国際契約を結び付けた「ポツダム・プロセス」の論理と行程が確認されているわけなのです。

[質問] 英米的な社会契約の考え方が日本国憲法の柱になっているというお話はとても重要な点だと思うのですが、アメリカの立憲主義の基礎となっている社会契約の精神について、もう少し説明してください。

日本国憲法の論理構成はアメリカ独立宣言と同じです。独立宣言はイギリス革命の擁護者であるジョン・ロックの思想に基づいています。トーマス・ジェファーソンは独立宣言を起草する際、ロックの思想に最も強く影響を受けていました。「生命・自由・幸福追求の権利」

という言い方は、はっきりとロックの影響です。

憲法前文とアメリカ独立宣言の論理構成である社会契約論は、ポツダム宣言の論理構成でもあります。日本人は最初それを標榜していませんでしたが、ポツダム宣言を受諾してからは、その論理構成を「人類普遍の原理」とする憲法を制定しました。その「ポツダム・プロセス」の成果により、連合国に認められて、サンフランシスコ講和条約で主権回復を果たすことになります。

ジョン・ロック

ロックの思想の影響下に置かれた独立宣言が採用した社会契約論について、もう少し説明しておきましょう。まず、人間には自然の権利という何人《なんぴと》も侵すことのできない根本的な権利がある、と考えます。人間が生きているという現実から発し、ひとりひとりの人間に宿る自然の権利があるわけです。しかし人間が社会で生きていく過程においては、その自然権をうまく守れないときがあるかもしれません。そこでそういうことが起こらないように社会契約をし、相互に「俺もお前の権利を守るから、お前も俺の権利を守れよ」という約束をするわけです。さらにその約束を現実に保証する体制として統治契約を結び、政府をつくって警察官のような人を税金で雇い「誰かが俺を裏切り、俺のことを後ろから刺そうとしたら、すぐに駆けつけて取り押さえてくれないか」という業務委託をすることになります。

この統治契約の考え方は、まさにイギリス革命の到達点として現実のものとなったロック的な社会契約の論理ですね。独立宣言を通じて、トーマス・ジェファーソンは次のように主張しました。イギリス国王は社会契約論の範囲内でのみ王（主権者）であり、それを逸脱することはできない。それなのに、我々にたいして傍若無人な振る舞いをした。よって我々は契約の逸脱・無効を宣言し、もう一度新しい社会契約・統治契約をつくり直す。

これを日本国憲法制定までのプロセスに当てはめると次のようになります。政府は本来、人民の自由な意思に基づいて運営されるべきなのに、悪いことをする犯罪者に独占され、その犯罪者の道具である大日本帝国軍もつくられて悪い運用をされてしまった。ここで契約違反を宣言して犯罪者とその道具を排除し、一七七六年にアメリカ人民が行ったように新たな社会契約をつくり直す。その宣言をするのが日本国憲法であり、それを保障しているのが「ポツダム・プロセス」だ、というわけです。

第4章

九条とはなにか①
——国際法遵守宣言としての一項

国際法遵守を宣言した憲法九条一項

本章では九条一項について見ていきます。九条一項は以下の通りです。

日本国民は、正義と秩序を基調とする国際平和を誠実に希求し、国権の発動たる戦争と、武力による威嚇又は武力の行使は、国際紛争を解決する手段としては、永久にこれを放棄する。

Aspiring sincerely to an international peace based on justice and order, the Japanese people forever renounce war as a sovereign right of the nation and the threat or use of force as means of settling international disputes.

九条は前文と最もつながっている条文で、本来であれば前文の中に挿入してもいいような宣言的な内容を含んでいますね。国際社会との条約の手続きを完遂させるためには、「自国のことのみに専念して他国を無視し」た行動を改め、国際法に合致した行動を取る。そのうち最も重要なところを謳《うた》いあげたのが第九条で、具体的な法的義務を明示するために条文化されたものだと言ってもよいでしょう。

大日本帝国憲法の改正手続きを取ることを考えて、第一条に天皇の地位と国民主権についての条項を持ってきた。「大日本帝国憲法と比べてここが変わった」ということを明確にするためでしょう。それにともなって戦争放棄に関する規定が九番目の条項となりました。しかし前文とのつながりは、九条のほうが強い。芦田均《あしだひとし》が委員長を務めた衆議院帝国憲法改正小委員会は、それがすぐにわかるように、前文の内容を要約した「日本国民は、正義と秩序を基調とする国際平和を誠実に希求し」という文言を九条の冒頭に置きました。前文との関係を明確にして、九条の主旨を明らかにするためですね。

芦田均

芦田均は九条の冒頭に前文の内容を要約するような文言を入れ、九条をつくりあげました。芦田均は戦前・戦中から活躍していた国際派系の政治家ですから、一九二八年の不戦条約をよく知っているどころか、自分自身がほとんど当事者のような立場にいた人物ですね。ですから、くどくど説明されなくても、九条の趣旨がすぐにわかったんですね。芦田はそれを嫌なことだとはとらえず、それどころか不戦条約を守るはずの日本が侵略行為に及んだことを素直に反省しようとしました。そして、戦争を二度とやらないということをはっきりさせることが必要だと考え、冒頭の文章を入れたのです。

国際法を守り、他国を無視しない国になるためには、二度と戦争をしかけたりしないと宣言しなければなりません。前文でもそれは宣言していますが、九条ではより具体的に「戦争はもうしませんよ」と宣言しています。そこではただ一方的に「戦争はもうしません」と言うのではなく、平和愛好国家が認めるようなかたちで「戦争をもうしません」と言わなければなりません。つまり、平和愛好国家が運営している国際法秩序に従い、国際平和を希求して戦争を放棄するということを謳いあげているのが九条です。

九条一項ではその主旨に従い、戦争放棄がなされていますが、ここでは独特の表現が使われています。「国権の発動たる戦争を放棄する」と言い、さらに「国際紛争を解決する手段として」の「武力による威嚇又は武力の行使」も放棄すると謳っています。

はじめて憲法典を読んでみる人にとって、「国権の発動たる戦争」あるいは「国際紛争を解決する手段として」の「武力による威嚇又は武力の行使」というのはいささかわかりにくい表現ではないかと思います。

この言い回しの理由は、はっきりしています。国際法との連動性をはっきりさせることが理由です。どのような主旨・枠組みで戦争放棄を行うのかがわかるように書いたために、このような言い回しになったのです。そのことを確かめるためには、一九二八年の不戦条約と一九四五年の国連憲章二条四項を合わせて読んでいただくとよいでしょう。

ここで、一九二八年不戦条約を見ておきましょう。

第一条　締約国は国際紛争解決のため、戦争に訴えることなく、かつその相互関係において国家の政策の手段としての戦争を放棄することを、その各自の人民の名において厳粛に宣言する。

第二条　締約国は相互に起こりうる一切の紛争又は紛議を、その性質又は理由にかかわらず、平和的手段による以外には処理又は解決を求めないと約束する。

第一条には「あれ？　これはどこかで聞いたことのある言い回しだな」という箇所がありますね。ここには「国際紛争解決のための戦争」「国家の政策の手段としての戦争」など、戦争に限定がかかる修飾語がある。これらは九条一項の「国権の発動たる戦争」と非常によ

パリのオルセー宮での不戦条約調印式（1928年8月27日）

く似ています。おそらくGHQは不戦条約を強く意識して、九条一項の文言を起草したのでしょう。

日本は不戦条約を守ると言いながら守らなかった、だから憲法条項にも挿入して、もう一度きちんと守る宣言をするべきだ、そうGHQは考えたのでしょう。そのため九条で放棄されている戦争は一九二八年不戦条約が放棄した戦争で、それ以外の戦争ではないということがはっきりわかる文言になっているのです。

不戦条約第一条には「人民の名において宣言する」と書かれていますが、さらに親切なことに九条でもわざわざ「日本国民は……放棄する」という言い方をして、不戦条約の言い回しを真似ています。繰り返しますが、「国民」も英語では「people」で、九条一項でも最初のドラフトから現在の英語の正文とされている訳文に至るまで「people」が使われており、不戦条約の文言と同じです。

一九二八年に不戦条約体制ができてから、あるいは一九一九年に国際連盟規約ができてからは、戦争に訴えず平和的に解決する努力をし、やむを得ない場合には集団安全保障に訴えることによって国際的な紛争を解決することが正しいことになりました。不戦条約にある「国際紛争解決のための戦争」「国家の政策の手段としての戦争」とはそれ以前にあった一九世紀ヨーロッパ国際法の時代の「戦争」のことです。宣戦布告をし、自分が達成したい政策を追求するために行う武力行使のことを、ここでは「戦争」と呼んでいるのです。現在、「戦争」は不戦条約および国連憲章で否定されており、国際法における違法行為です。不戦条約は少し古い条約ですが廃止されていないので、現在でも有効です。

国際法が達成した「無差別戦争観」の終焉《しゅうえん》

カール・シュミットというドイツ人法学者は、一九世紀国際法の時代を「無差別戦争観」の時代と呼びました。「無差別戦争観」とは、戦争には良いものも悪いものもない、戦争の間に差別はない、という考え方です。主権は絶対であり、国家は国内および国際社会において最高の権威を持っている。そうだとすれば、主権国家が宣戦布告し、戦争を始めることについて、同じ権限しか持たない別の国がとやかく言うことはできない。主権国家が戦争をすると宣言すれば、それは正式な戦争であり、主権国家による宣戦布告がなければ、それは国家間の正式な戦争ではない。このような「無差別戦争観」は、一九世紀ヨーロッパ国際法の時代の標準的な考え方でした。

ところがこの考え方は、第一世界大戦後にアメリカ

ウッドロー・ウィルソン大統領

のウッドロー・ウィルソン大統領がパリ講和会議に乗り込んできたときに、大きく変更されることになりました。ウィルソンは、さらなる世界戦争を防ぐためには、国際社会の仕組みを変える必要がある、と訴えました。そこでまず、戦争が違法であるという法規範を確立する必要がある、と主張しました。主権国家が自由に宣戦布告すれば、正式に戦争を始められるという考え方は間違っている、ウィルソンはそのように主張しました。

ウィルソンは、第一次世界大戦の戦後処理策として、ヴェルサイユ講和条約を締結させると同時に、戦争に訴えない義務を持つ国々が集まる国際連盟をつくり出しました。国際連盟規約の中に戦争に訴えない義務を盛り込みました。そして各国家が戦争に訴えない代わりに、

侵略者が現れた場合には集団安全保障という制裁行為を加えることができる、という仕組みを、国際法の正式な制度の中に導入しました。

しかしアメリカ共和党の議員たちの目には、ウィルソンのこの考え方はヨーロッパの戦争にアメリカが巻き込まれる大きな要因になるものだと映りました。そのため国際連盟規約は議会の批准《ひじゅん》を得ることができませんでした。つまり国際連盟にアメリカは入らないという衝撃的な事態が起きました。しかしヨーロッパ人たちは、アメリカ人に引き続き国際連盟の精神を支持してもらいたいと期待しました。そこでアメリカの国務長官（フランク・ケロッグ）とフランスの外務大臣（アリスティド・ブリアン）にちなんでケロッグ＝ブリアン協定とも呼ばれる不戦条約が、国際連盟の精神をさらに具体的に国際法化するための条約として、一九二八年に締結されることになりました。国際連盟の常任理事国であった日本も、この条約に加入しました。

しかし結果的には、不戦条約は、第二次世界大戦の勃発《ぼっぱつ》を防げませんでした。日本が引き起こした満州事変は、国際連盟規約と不戦条約を崩壊させる大きな引き金になりました。その反省をふまえて第二次世界大戦後につくられたのが、一九四五年国際連合憲章です。

［質問］第一次世界大戦のとき、アメリカ議会はヨーロッパの戦争に巻き込まれることを避け

るために国際連盟への加入を拒絶しました。第二次世界大戦後、アメリカは国際連合に加盟しましたが、これはアメリカがヨーロッパの戦争に巻き込まれる不安がなくなったからなのでしょうか。

関わらないようにしているほうが、かえって危ない、とアメリカ人たちは思うようになったのです。アメリカが国際連盟に入らなかったことにより、日本の対外拡張を誘発する結果がもたらされました。あげくの果てには真珠湾に奇襲攻撃をかけられて、アメリカは戦争に引きずり込まれてしまいました。こうした歴史から、第二次世界大戦後のアメリカは、最初から自分が中心になって不要な戦争に巻き込まれない仕組みをつくったほうがよい、と考えるようになりました。つまり、日本のせいでアメリカは変わったんですね。

「戦争」は「自衛権の行使」とは違う

ここで国連憲章二条四項を見てみましょう。

すべての加盟国は、その国際関係において、武力による威嚇又は武力の行使を、いかなる国の領土保全又は政治的独立に対するものも、また、国際連合の目的と両立しない他のいかなる方法によるものも慎まなければならない。

不戦条約が「戦争」と言っていたところを、国連憲章は「武力による威嚇又は武力の行使」と言い換えました。不戦条約で戦争を放棄したはずなのに、「宣戦布告してないからこれは戦争ではないですよ」という言い訳が横行したためです。イタリアやドイツも不戦条約違反と思われる行動を繰り返しましたが、何といっても日本が一九三一年に満州事変を起こし、「あれは宣戦布告をしていないし、戦争ではないんだから不戦条約違反ではない」という主張をしたのは、国際法秩序を大きく動揺させた衝撃的な事件でした。

国連憲章は、その反省を踏まえ、戦争という言い方をせずもっと広い「武力による威嚇又は武力の行使」という表現を採用しました。「宣戦布告していないから戦争ではなく、不戦条約違反になり得ない」という詭弁《きべん》を認める余地をなくし、武力が行使されていれば国連憲章二条四項の審査対象となる、ということを明確にしておくためです。

憲法九条一項は、国連憲章二条四項を強く意識しているわけですね。だから戦争を放棄すると同時に「武力による威嚇または武力の行使」も放棄するという二重の論理構成となっているのですね。

国連安全保障理事会の会議場（Photo: Bernd Untiedt）

なおここに「国際紛争を解決する手段として」の「武力による威嚇又は武力の行使」という国連憲章二条四項の文言と不戦条約を合体させたような文言が入ってきているのは、国際紛争を解決する手段ではない武力の行使、たとえば自衛権の行使としての武力の行使は放棄していない、という仕組みを表現するためでしょう。

それにしても「国権の発動たる戦争」や「国際紛争を解決する手段」ではない武力行使とは、どのような武力行使でしょうか。国連憲章は、第7章の諸規定で、自衛権と集団安全保障にもとづく武力行使が、国連憲章二条四項の武力行使の一般的禁止に該当しない武力行使であることを定めています。自衛権には、個々の国家が侵略者に対抗する「個別的自衛権」と、複数の諸国が侵略者に対抗する「集団的自衛権」があります。集団安全保障は、全ての諸国が一致団結して侵略者に対抗する措置をとることを意味します。

もし自衛権や集団安全保障が認められないと、どうなるでしょうか。万が一、戦争を開始する悪い違法者が現れた場合、対抗手段が用意されていないと、善良な諸国がやられるだけになってしまいます。侵略者に対抗する手段が合法化されていなければ、違法者を誘い出すインセンティブ（誘因材料）を与えることにもなります。つまり「自衛権」と「集団安全保障」という対抗措置がないと、現実には侵略行為が増えてしまうのです。そこで、それらが憲章二条四項の武力行使の一般的禁止を裏付ける対抗措置として、認められているのです。

国連憲章第七章の最終条項の五一条は、次のように定めています。

この憲章のいかなる規定も、国際連合加盟国に対して武力攻撃が発生した場合には、安全保障理事会が国際の平和及び安全の維持に必要な措置をとるまでの間、個別的又は集団的自衛の固有の権利を害するものではない。

Nothing in the present Charter shall impair the inherent right of individual or collective self-defense if an armed attack occurs against a Member of the United Nations, until the Security Council has taken the measures necessary to maintain international peace and security.

二条四項を含む国連憲章のいかなる規定も、個別的または集団的自衛の固有の権利を禁止していません。二条四項は、自衛権を禁止していません。二条四項は、武力行使を一般的には禁止しますが、違法者にたいする対抗措置としての自衛権や集団安全保障を禁止しません。そのことを国連憲章五一条は明確にしています。

一九四六年に日本国憲法草案が国会で審議された際、後に繰り返し引用される有名なやり取りが、吉田茂首相と、共産党の野坂参三衆議院議員との間でなされました。野坂は、戦争を侵略戦争と「防御的ナ戦争」とにわけ、後者は合憲ではないか、と迫ったのでした。これに対して吉田首相は、次のように答えました。「私ハ斯クノ如キコト（国家正当防衛権に依る戦争）ヲ認ムルコトガ有害デアルト思フノデアリマス（拍手）近年ノ戦争ハ多クハ国家防衛権ノ名ニ於テ行ハレタルコトハ顕著ナル事実デアリマス、故ニ正当防衛権ヲ認ムルコトガ偶々戦争ヲ誘発スル所以デアルト思フノデアリマス」。

この吉田の答弁は、自衛戦争の合憲性の否定であり、自衛権の放棄を意図したものだ、と解釈されることが多いですね。しかし、それは正確ではありません。吉田が否定したのは、国家の「正当防衛権」という国際法には存在しない論理構成で「自衛戦争」なるものを合法

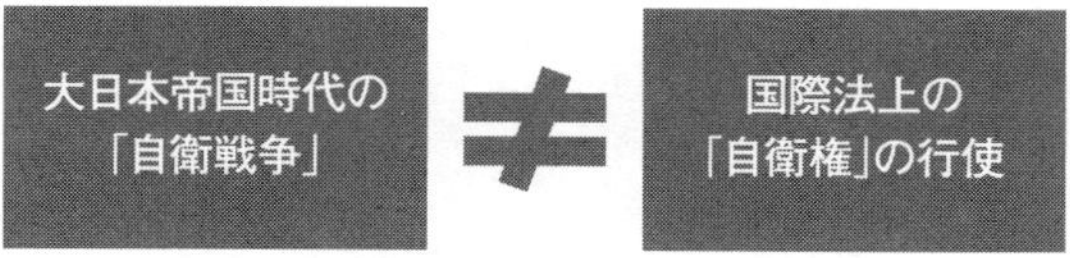

図１　戦前の日本（一部の憲法学者の間では現在でも存続）における「自衛戦争」は、現代国際法の「自衛権」とは違う

化しようとする考え方のことです。つまりドイツ国法学の擬人法の発想で、国家の自然権である基本権を認めるという、およそ国際法では認められない発想のことです。国家は人間ではありませんから、自然権など持っていません。国家に「正当防衛権」などないのです。自衛権は「正当防衛権」ではありません。

吉田は、後に、憲法は自衛権を放棄していない、という見解を明確にして、批判されます。一九四六年の時の答弁から態度を変えたじゃないか、と批判されたのですね。ご本人も時代の流れを先取りする形で細かく説明しなかったのは確かです。ただ、言葉遣いを厳密に見てあげれば、吉田は矛盾していません。一貫しています。吉田が否定したのは、「自衛戦争」なる戦前の日本（と現在の一部の憲法学者の言説）だけに存在していた概念です。吉田が、国際法上の自衛権を放棄した、と言った経緯はありません。

自衛戦争なる概念は国際法に存在していない、自衛戦争の否定は自衛権の否定にはならない、という点は、大変に重要な点ですから、よく理解しておいていただきたいと思います。

集団的自衛権は固有の自衛権

国連憲章において集団的自衛権は後付けで入ってきた「異物」だ、などといった物語が、一部の憲法学者などの間でささやかれたこともありました。暴論ですね。

国連憲章五一条は、「個別的又は集団的自衛の固有の権利」という表現を用いています。「固有の（inherent）」というのはどういうことかというと、国連憲章より前から存在していた、ということですね。ただし何か神秘的なことを言っているわけではありません。自衛権は、憲章がつくりだした権利ではなく、慣習法上すでに存在している権利である、ということを言っているのです。したがって慣習国際法上の自衛権の制約も、適用されます。

憲法学者の中には、「国内的類推（domestic analogy）」の罠《わな》、つまり国際社会の事象を国内社会との類推で理解してしまう罠に陥り、自衛権は国家の自然権のようなものだ、国内社会における正当防衛のようなものだ、などと主張する方がいますね。正当防衛だから個別的なものだけが本物で、集団的な正当防衛はダメだ、といった発想をするのですね。しかし国家に自然権などありません。自然権というのは、自然人たる人間にのみ備わっているものです。国家の自然権などという発想方法は、一九世紀ドイツ国法学と、日本の憲法学においてのみ存在しているだけで、少なくとも国際法には存在していません。

もちろん、集団的自衛権の行使について、国内法で集団的自衛権を行使できない国内法をつくってしまうことはできます。もしそうでなければ、個々の事例に応じて政策的裁量で決めていくことです。実際のところ、現状は、安保平和法制の際の通常法の枠組みで、内閣による集団的自衛権の行使に独自の制約を課している状態だと言えるでしょう。しかし憲法は集団的自衛権を否定していません。

一九七二年の日本政府の見解は、集団的自衛権は国際法では合法だが、国内法では違法だ、という言い方をしました。しかし日本国憲法には「集団的自衛権は違憲である」と書かれていません。そのため二〇一五年の政府見解では、集団的自衛権は必ずしもいつも違憲ではない、といったように修正がなされました。

集団的自衛権を認める安保法制が二〇一五年に導入されたとき、一部の憲法学者は「これは違憲であるだけでなく、国際法的にも異物である」などと主張しました。しかし国連憲章五一条の文言から、「個別的自衛権は純粋だが、集団的自衛権は異物である」などということを読み取ることはできません。一九四五年以前、個別的自衛権は合法だったが集団的自衛権は合法ではなかった、などという話にも、根拠はありません。

一九一九年の国際連盟規約の二一条にモンロー・ドクトリン（モンロー主義）の留保条項があります。

【局地的了解】本規約は、仲裁裁判条約の如き国際約定または「モンロー」主義の如き一定の地域に関する了解にして平和の確保を目的とするものの効力に何等の影響なきものとす。

アメリカ合衆国が中心となる同盟防衛体制で、ヨーロッパ列強の干渉から西半球世界の共和主義諸国を守る、そのような局地的了解が、伝統的にモンロー・ドクトリンと呼ばれたものです。これは後にOAS（Organization of America States 米州機構）などに発展していく地域の安全保障の仕組みを萌芽《ほうが》的に先取りしたものでした。一九四五年以降に集団的自衛権と呼んでいるものは、国際連盟規約二一条が発展したものだと考えるのが適切です。実際、国連憲章五一条に集団的自衛権という文言を入れることを主張したのは、中南米諸国でした。国際連盟規約は、集団的自衛権という文言は使っていませんが（個別的自衛権という文言も使っていない）、それを認める法規範自体は存在していたのだと言えます。

当時の日本人は、連盟規約二一条を見て、アメリカは偽善者だ、二枚舌だ、と感じました。集団安全保障を導入しながら、自国の権益を手放そうとしない、こうなったら、日本もアジアにモンロー・ドクトリンを導入し、大東亜共栄圏の日本の権益を打ち立てるべきだ、と思うようになりました。しかしウィルソン大統領の考えでは、地域的な安全保障の取り決めは、普遍的な集団安全保障と両立するのです。今日の国連憲章も、ウィルソン大統領の考えにそった仕組みを導入しており、普遍的な集団安全保障と、地域的な安全保障の取り決め、あるいは集団的自衛権は矛盾しない、という仕組みになっています。

ヨーロッパ列強を西半球に近づけさせないアメリカ

一九七二年の内閣法制局見解は、日本の自衛権行使は一般的には違憲だが、一三条の幸福追求権により、国民が攻撃されるようなことがあれば守らなければならないため、個別的自衛権だけは合憲になる、といった議論をしました。しかしここで思い出していただきたいのは、憲法一三条はアメリカの独立宣言の「コピペ」だということです。

独立宣言は、一三個あった大文字SのState（州）が発したものです。当時は合衆国憲法もないですから、一三の旧植民地は、独立の暁には、一三個の主権国家となります。一三個の国家がイギリス王という共通の敵にたいして共同防衛体制を取り、ジョージ・ワシントンという共通の最高司令官を持つ連合軍を動員して対抗することを宣言したのが、独立宣言です。一三州でイギリス王に対抗しなければ、片っ端から順々にやっつけられてしまって、人々の幸福追求権を守ることができないので、共同防衛体制をとったのです。つまり独立宣言＝憲法一三条の論理は、集団的自衛権を正当化するドクトリンなんですね。

憲法の解釈にあたっては、滑稽な独りよがりの解釈にならないように、国際法原則や、歴史的経緯を、よく踏まえてから行うことが、とても重要です。

不戦条約と国連憲章の概念構成を踏襲している憲法九条は、国際法と同じ論理構成をとっていると考えるのが、もっとも自然です。つまり九条一項は、国際法で禁止された戦争の放棄を、国内憲法でも確認するための条項です。国際法で認められている自衛権を禁止する趣旨は、その文言からは読み取れません。

当時としては圧倒的多数である五一カ国が加入するかたちでできた国連憲章は、日本国憲法が起草される際にはすでに確立された国際法となっていました。日本は、「ポツダム・プロセス」の中で、国際法を遵守する国に生まれ変わるために、不戦条約だけでなく国連憲章の文言を国内法の憲法に入れ、それらの遵守を高らかに謳いあげました。これが憲法九条の基本的な性格なのです。

［質問］高校の現代社会の教科書には「第二次世界大戦後、日本は専守防衛の立場を取っている」と書かれていたりします。国際法上の自衛権は、「専守防衛」と、どう違うのでしょうか。

専守防衛というのは国際法には存在せず、日本人がつくりだした概念ですが、あまり体系的な定義はありません。中身がよくわからないまま言葉だけが乱用されるので、国会では専守防衛の話が出るたびにもめます。「お前が言っているのは専守防衛じゃない」「何を言ってるんだ。俺が言ってるほうが専守防衛だ」というように言い合いになってしまうのです。

日本人は専守防衛の定義がわからないままその言葉を使っているのですが、定義を確かめるための法律は存在しません。専守防衛などという概念は、憲法に書かれていないし、国際法にも存在していないのです。ただ何となく使われているのですが、否定できない響きがあるので、永遠に罵《のの》り合いだけが続いていく。そういう厄介な概念なんですが、なぜか教科書だけには出てくる。これはよくないですね。法的根拠がないにもかかわらず、あたかも法律であるかのように学校で教えているという状況は、とてもよくないですね。

本来、望ましいのは、国際法における自衛権の理解を、しっかりと学校で教えていくことでしょう。自衛権は、武力行使の一般的禁止と抵触《ていしょく》しておらず、したがって憲法九条にも抵触していません。ただし必要性と均衡性の原則などによって、国際法において、厳しく制約されています。

専守防衛は、自衛権に近い概念と言えますが、よくわからなくなるのは、専守防衛という概念自体が、実はトートロジーだからです。専守は自分を守ることに専念すること、防衛は自分を守ることですから、意味が重複しています。自衛権とだけ言えばいいことを、力みまくって繰り返し漢字を並べて強調しているのですが、意味の精緻《せいち》さはかえって失われてしまっています。結局は、自衛権と同じように、「防衛行為は合法だが、そうでなければ合法ではない」ということを言っているだけなのではないでしょうか。

違法者が現れたとき、侵害行為から自国を守ることは合法だが、そうでなければ違法となります。国際法も日本国憲法もそれを前提としているし、国会でも拳《こぶし》を握りしめて同じことを繰り返し言っていますが、意味はすべて同じです。防衛ではない武力行使は、そもそも国際法で違法ですから、日本のオリジナルな特別なものではありません。

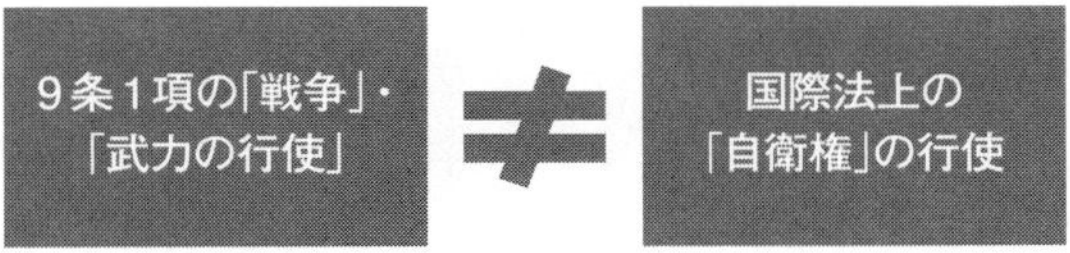

図2　国際法・日本国憲法で否定されている「戦争・武力行使」に、国際法上の「自衛権の行使」は含まれない

なお実際には、自衛権に対しては、武力行為の発生要件と必要性原則・均衡性原則の要件が、制約をかけています。国際法は条約だけでなく、慣習法も法源として認めていますから、必要性原則・均衡性原則も慣習法として認められているのです。専守防衛といった陳腐な概念を振り回さなくても、国際法上の自衛権をしっかりと理解すれば、それで事足りるのです。

［質問］高校時代の先生には、集団的自衛権は認められているけれども、憲法九条との兼ね合いで禁止・制限されている、とも言われました。この点については、どのように理解すればよいでしょうか。

憲法のどの条項が自衛権を制約しているのでしょうかね。よくわかりません。権利は積極的に行使するためのものなので、放棄したとしても違法にはならない。したがってもし日本国憲法が、明示的に自衛権の行使を禁止する規定を持っていたとしたら、それは日本の自衛権の行使を制約するとは思います。

しかし問題は、日本国憲法に、そのような規定があるのか、ということです。九条は自衛権を否定していません。他のどの条項にも、国際法秩序を維持するための措置である自衛権を放棄させるような規定はありません。規定がないのに、勝手に憲法を理由に固有の権利である自衛権を否定しようとするのは、無茶です。憲法が自衛権を制約しているというのは、根拠のない俗説で、政治的イデオロギーの産物だと思います。

第5章

九条とはなにか②
——大日本帝国軍解体を確証する二項前段

九条二項が不保持を宣言しているのは「戦力（war potential）」

前回の講義では、九条一項は国際法の文言を模したものであり、国際法に沿って解釈すべきものであることを説明しました。ところで、九条一項は、二項を読んだ後に読むべきだ、というおかしな解釈方法もあります。一項には国際法に沿った解釈が妥当だと思っていても、二項を読むと、「ああ、さっきの一項の解釈では駄目だ、変更しなければ」と思い、一項に戻って解釈し直さなければならなくなるというのです。これは奇妙な解釈ですね。そんな意地悪でわかりにくい書き方をせず、ちゃんと順序立てて憲法を書いてほしいですよね。

素直な解釈は、順番通りに憲法を読むことです。つまり、一項の意味に沿った形で二項を読むことです。九条二項で登場する重要概念の「戦力」と「交戦権」も、一項に沿った形で解釈をするのが、適切な読み方だと言えます。

そこでさっそく九条二項を見てみることにしましょう。

> 前項の目的を達するため、陸海空軍その他の戦力は、これを保持しない。国の交戦権は、これを認めない。

In order to accomplish the aim of the preceding paragraph, land, sea, and air forces, as well as other war potential, will never be maintained. The right of belligerency of the state will not be recognized.

九条二項は、「前項の目的を達するため」という文言から始まります。これはいわゆる芦《あし》田《だ》修正と言われるもので、一部の憲法学者にはとても評判の悪いものなのですが、それほど深刻にとらえる必要はありません。一項の冒頭と同じ文言を置くのは煩雑《はんざつ》なので、「前項の目的を達するため」という言い方をしているだけです。つまり二項も、一項の冒頭にある「正義と秩序を基調とする国際平和を誠実に希求」するために定めるということを言いたいだけなんですね。

ＧＨＱの起草者は「前文があるのに、なんで九条の冒頭にいちいち要約を入れなきゃいけないの?」と思ったかもしれませんが、芦田均は「国民（憲法学者）はきちんと前文を読んでから、九条を読んでくれるだろうか」と心配だったので、前文を要約する文言を一項のみならず、二項の冒頭にも入れたのでしょうね。

前文の精神に則り、日本国民は陸海空軍その他の戦力を保持しないということを誓っている。それが九条二項の前段の部分です。ここで注意していただきたいのは、「陸海空軍」という言葉が、「その他の戦力（other war potential）」という概念によって限定されている、という点です。つまり「陸海空軍」は、「戦力」の例示でしかない、ということです。二項の前段が不保持を宣言しているのは、「戦力としての陸海空軍など」ということです。二項の前段を一言でまとめると、「戦力」を保持しない、ということです。

そうなると、たとえば陸軍という名前を持つ全ての組織が自動的に違憲になるわけではありません。あくまで「戦力」としての陸軍が違憲なので、救護・消防活動などをしている「陸軍」という名称の組織があったとしたら、それは違憲ではありません。「戦力」という概念が非常に重要だ、ということがお分かりいただけるかと思います。「陸海空軍」という部分よりも、「戦力」という概念の部分が、非常に重要なのです。

ところがこの「戦力」という概念は、日常的によく使われる言葉なので、厄介です。たとえば丸佳浩《まるよしひろ》選手が広島東洋カープからFA権を行使して読売巨人軍に移籍したら、読売巨人軍の「戦力」がアップした、と言われます。こういうとき、「戦力」という言葉を使います。とすれば、文言だけを見れば、読売巨人軍は「軍」だから違憲で、丸選手も具体的な「戦力」だから違憲ということになります。しかし、私の知る限り、誰もそんな主張をしていないですね。丸選手は、誰からも違憲だととがめられることなく、プレーし続けていますね。広島カープのファンである私としては、巨人軍の「戦力」を取り締まってもらうのはありがたいのですが、カープだって「戦力」を持っているじゃないか、と言われると、困ります。

このように一般人の「戦力」の言語感覚に任せていたら、プロ野球チームはすべて違憲です。プロ野球選手が違憲の「戦力」ではなく、合憲の「戦力」であるのは、常識だ、という人もいるかもしれませんが、説明することができない誰かさんの常識、なるものに任せていたら、いつまでたっても「違憲の戦力」と「合憲の戦力」を区別する尺度を得ることができません。法律家の良識に訴える云々《うんぬん》と言い換えても、誰かさんの感覚的判断に任せている限り、憲法解釈は袋小路です。

「戦力」概念の導入は、自衛権の留保とセット

この「戦力」という言葉は、どこから出てきたのでしょうか？　憲法起草をマッカーサーが指示したとき、有名なマッカーサー三原則というメモが部下たちに渡されました。そのとき、「戦力」という文言はなく、ただ「陸海空軍」の不保持が書かれていただけでした。「戦力」概念は、マッカーサーの部下たちが入れたものです。

チャールズ・ケーディスGHQ民政局次長

マッカーサー三原則は「天皇を元首とする」「戦争を放棄する」「封建制度を廃止する」ですが、チャールズ・ケーディスGHQ民政局次長は「戦争放棄」の中に自衛権の放棄も含まれていることを見て、「自衛権の放棄はありえない」と考えました。部下たちは「自衛権の放棄は国際法に合致していない。これは無理だから、自衛権を放棄するという文言は消させてもらいます」と主張し、マッカーサーにもそう報告して、この文言を消した憲法草案を日本国政府に提示しました。

彼らは、自衛権の留保を明確にした九条一項を起草した際、マッカーサーが「陸海空軍は保持しない」と書いたのに付け足し、九条二項の文言を「陸海空軍その他の戦力を保持しない」に変えたのです。

つまり、「戦力」概念は、自衛権の留保が確証された際に、自衛権の行使で用いられる「陸海空軍」が違憲にならないようにするために付け加えられた概念なのです。

自らを守る権利も放棄している場合には、あらゆる「陸海空軍」を保持しない、と言うことになるかもしれません。しかし自衛権は放棄していないので、「戦力としての陸海空軍」は保持しない、という言い方になりました。

この場合、「戦力」ではない「陸海空軍」とは、合法的な自衛権の行使に用いられる組織のことです。これが起草の経緯からの説明です。

「戦力（war potential）」は、戦争潜在力のこと

それではなぜ、「戦力」という概念を入れると、自衛権を行使する組織までは否定しないことになるのでしょうか。つまり、一項の自衛権の留保と合致する二項の解釈になるのでしょうか。

GHQの人が見ていたのは、「戦力」という漢字二文字ではなく、「war potential」という英単語二つの概念です。GHQ草案と憲法英語訳において用いられていたのは、「war potential」、つまり「戦争潜在力」とでも呼ぶべき概念でした。「戦力」の概念は、厳密には「戦争潜在力」を意味する概念として、憲法上は理解していかなければなりません。

陸海空軍すべてを保持しないのではなく、「war potential（戦争をするための潜在力・戦争を準備する過程で持っている陸海空軍）」を保持しない。つまり戦争準備はしない、というこ

とを、九条二項は言っているのです。

英文では一項に出てくる「国権の発動としての戦争（war as a sovereign right of the nation）」という概念と二項の「war potential」が明確に結びついています。「戦争潜在力」とは、違法行為である「国権の発動としての戦争」を遂行する目的で保持する潜在力のことです。合法である自衛権を行使するための手段は、「戦争潜在力」としての「war potential」には含まれません。

「戦争（war）」が否定されても、自衛権は否定されません。「戦争」を遂行する目的を持った戦争潜在力としての「戦力（war potential）」は、「戦争」が違憲なのですから、保持することも違憲です。ただし「戦争」には自衛権が含み込まれていないため、自衛権を行使するための組織は「戦力（war potential）」にはなりません。

法律的に起草者の観点から言えば、「戦争潜在力」としての二項の「戦力」の概念は、一項で放棄された「戦争」の概念に対応したものです。「戦争」が違法なので、戦争潜在力としての「戦力」も当然違法だということです。一項を読めば、二項で禁じられている戦争潜在力としての「戦力」が何であるかがわかるのです。

国際法上違法な戦争を行うことを目的にした「陸海空軍」は違憲です。それどころか国際

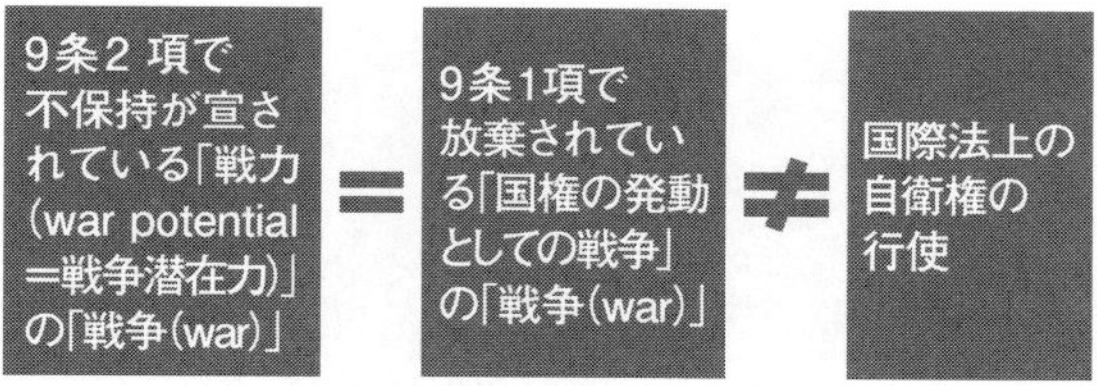

図3　憲法9条2項の「戦力（war potential)」は1項で放棄されている「戦争（war)」に対応し、国際法上の自衛権とは対応しない

法に反した侵略行為を行うことを目的にした組織であれば、竹やり部隊であっても違憲です。同じ目的で機械工場を保持することも「戦争潜在力」に該当するので、違憲でしょう。他方で、戦争潜在力に該当しないものは、名称が何であれ、違憲にはなりません。

「戦力（war potential）」とは、そうだなあ、五〇〇〇人くらいいると軍隊っぽくなるから、このあたりからが「戦力」かなあ、などといった一部の憲法学者の恣《し》意的な判断に憲法解釈を委ねるのは、困った態度です。そんなことをしても、法的な根拠がなく、明確な基準が見つからないため、混乱した話しかできません。

「戦力」と軍隊は同じではない

日本政府の見解でも、自衛隊は、憲法上の「戦力」ではないが、国際法上の「軍隊」である、と述べているものがあります。「戦力」と「軍隊」は、二つの違う概念で、安易に同じだと決めつけ

防衛庁及び自衛隊の発足時に全幹部を前に訓示する木村篤太郎防衛庁長官（1954年7月1日、防衛庁、共同）

るのは、正しい解釈方法ではありません。憲法が言っているのは、「戦争潜在力」であれば違憲であり、そうでなければ合憲だ、ということです。つまり「戦争」遂行を目的にしているか否かという基準で判断をすべきだ、と憲法は言っているのです。

ここで二〇一五年四月三日の答弁を見てみましょう。

> 国際法上、軍隊とは、一般的に、武力紛争に際して武力を行使することを任務とする国家の組織を指すものと考えられている。自衛隊は、憲法上自衛のための必要最小限度を超える実力を保持し得ない等の制約を課せられており、通常の観念で考えられる軍隊とは異なるものであると考えているが、我が国を防衛することを主たる任務とし憲法第九条の下で許容される「武力の行使」の要件に該当する場合の自衛の措置としての「武力の行使」を行う組織であることから、国際法上、一般的には、軍隊として取り扱

われるものと考えられる。（第一八九回国会衆議院・内閣衆質一八九第一六八号）

自衛隊は憲法上の戦力ではないが、国際法上の軍隊である。これを見て、私などは、それでいい、と思います。素直な理解だと思います。

ただ、戦力とは軍隊だ、とにかく全部違憲だ、軍隊はダメだ！　と頑なに根拠も示さず感情的に苦情を言う人も、世の中にはいますね。そういう人が、国際法上の軍隊も違憲だ！　と叫び始めると、さあ、これはいよいよ厄介です。

本来、日本国憲法は、国際法を遵守する論理を持っている。だから国際法の枠組みを参照して解釈するのが正しい姿勢です。

ところが「憲法は憲法だ、国際法を参照するのはダメだ！『憲法優位説』が憲法学の通説だ、だから憲法はいつも国際法を無視しなければいけない！　憲法解釈にあたっては『憲法優位説』を主張する憲法学の通説が絶対だ、だから国際法を参照するような憲法解釈はダメだ！」といった法的根拠がない意見が、日本社会では、司法試験・公

図４　自衛隊は憲法上の戦力ではなく、国際法上の軍隊である

務員試験・大学法学部教員人事などを通じて、社会的な慣行になってしまっています。残念なことです。

もっとも、この事情の分析は、日本社会論をする社会学者にでも任せるしかありません。そもそも憲法解釈論の話ではありません。

九条二項に貫かれた「ポツダム・プロセス」の論理

さて話を戻し、九条二項の歴史的な背景についてふれておきましょう。すでにふれた一九四一年の大西洋憲章で、九条二項につながる考え方が提示されていました。大西洋憲章の第八項には、敵国（当時はナチスドイツ）にたいして連合軍はどのような行動を取るべきか、ということが書かれていました。

八．両国ハ世界ノ一切ノ国民ハ実在論的理由ニ依ルト精神的理由ニ依ルトヲ問ハス強力ノ使用ヲ拋棄《ホウキ》スルニ至ルコトヲ要スト信ス。陸、海又ハ空ノ軍備カ自国国境外ヘノ侵略ノ脅威ヲ与エ又ハ与ウルコトアルヘキ国ニ依リ引続キ使用セラルルトキハ将来ノ平和ハ維持セラルルコトヲ得サルカ故ニ、両国ハ一層広汎ニシテ永久的ナル一般的安全保障制度ノ確立ニ至ル迄《マデ》ハ斯《カカ》ル国ノ武装解除ハ不可欠ノモノナリト信ス。両国ハ又平和ヲ愛好スル国民ノ為ニ圧倒的軍備負担ヲ軽減スヘキ他ノ一切ノ実行可能ノ措置ヲ援助シ及助長スヘシ。

8. Since no future peace can be maintained if land, sea, or air armaments continue to be employed by nations which threaten, or may threaten, aggression outside of their frontiers, they believe, pending the establishment of a wider and permanent system of general security, that the disarmament of such nations is essential. They will likewise aid and encourage all other practicable measures which will lighten for peace-loving peoples the crushing burden of armaments.

「一層広範で永久的な一般安全保障制度」というのは、国連憲章第七章に発展したと言われる集団安全保障のことを指していますね。これが確立されるまでの間というのは、「安全保障理事会の決議が出て第七章が発動されるまでの間」ということと同じです。国連憲章五一条の文言に対応していますね。

武装解除される日本軍兵士

それまでの間は「侵略の脅威」を与える国の「武装解除は不可欠」だと言っています。この「武装解除」は、「平和を愛好する国民のために軍備負担を軽減する措置」としても位置づけられています。

日本国憲法第九条二項の規定は、明らかに大西洋憲章第八項を意識したものですね。一九四六年二月の段階で、大日本帝国軍の解体は、完全には終了していなかった。それもふまえて九条二項は、「ポツダム・プロセス」で開始された武装解除の国内法上の根拠を提供したのだと言えるでしょう。

ポツダム宣言受諾という国際法上の根拠はすでにあるが、国内法にも入れて、その約束を守ることを強く誓いました。前文と同様に、ここでも大西洋憲章で連合国が誓ったことを日本は受け入れました。ポツダム宣言の内容を確認し、大西洋憲章第八項およびポツダム宣言に対応するかたちで、九条二項を挿入したのです。これが「陸海空軍その他の戦力は、これを保持しない」ということの意味です。

すでに述べたように、ポツダム宣言で無条件降伏したのは大日本帝国軍であり、日本人民ではありません。日本人民は悪いことをしていないが、裏切られてひどい目に遭いました。よって日本人民を裏切った犯罪者たちは処罰し、その道具として使われた大日本帝国軍は解体・消滅させることになりました。そうすれば、侵略者がいなくなり、侵略するための組織（war potential）もなくなるからです。

ただしそれは、新しく生まれ変わった後の日本において、自衛権を行使する組織が存在し得ることを、全く否定しません。なぜならその新しい自衛権を行使する組織は、ポツダム宣言の精神に則った自由な意思により、社会契約論に基づいて国民の安全を守り、国際的な安全保障を守るためにつくられ、運用されている組織であるはずだからです。

この論理構成は一九四一年に大西洋憲章が出されたときから一貫しており、ポツダム宣言を通じて日本国憲法九条二項にも入ってきているものです。

マッカーサーは一貫していた

ところでマッカーサーが警察予備隊（後の自衛隊）の創設を指示したのは、冷戦が始まっ

ダグラス・マッカーサー

たため憲法の理念を捨て去ることにしたからだ、という俗説があります。

マッカーサー自身は、次のように言っていました。

> 第九条は、国家の安全を維持するため、あらゆる必要な措置をとることをさまたげていない。……第九条は、ただまったく日本の侵略行為の除去だけを目指している。私は、憲法採択の際、そのことを言明した。

マッカーサーは嘘《うそ》を言っていません。マッカーサーは三原則のメモを書いたときには、違うことを言っていましたが、憲法草案起草の過程で、部下の意見を受け入れました。そのため公には、マッカーサーは、「憲法は自衛権を放棄していない」という理解にそったことしか言っていません。

マッカーサー三原則というのはあくまで内部資料で、最初の作業指示をした際にサラサラと書き留めただけのノートです。そこに書かれたことについて部下が「司令官、ここはちょっとどうでしょうか」と指摘すれば、「ああ、そうか。じゃあそれでいいよ」と訂正するというのは、まったく普通の出来事でしょう。公にしてしまったことで間違いがあれば責任を取らなければいけませんが、内部メモであればその必要はまったくありません。ですから、「三原則を貫かなかったマッカーサーは、冷戦が起こった後に豹変《ひょうへん》したのだ」、などと言うのは的外れです。内部で気づいて訂正し、草案を日本政府に見せる前から、一貫した立場を取り続けました。これが歴史的な事実です。

一九四六年に憲法草案を審議した衆議院帝国憲法改正小委員会の委員長、芦田均は五五年体制後の一九六一年にできた憲法の調査委員会の証言で、次のようなことを述べました。「いかなる条約にも憲法にも自衛のための武力を禁止したものは世界に存在しておりません」「ただ第九条の原案第二項はこの点についてきわめてあいまいであり、いかなる場合にも武力の行使を禁じたもののごとく映る、これを明白にするためにはこの修正が多少なりとも役立つと考えたのであります」。

芦田均は、一九四六年に憲法の起草が終わってすぐ、おそらく小委員会で議論しながら執筆したと思われる本の中で、「九条は侵略戦争を禁止しているものであり、それ以外のことを禁止していない」ということをはっきり言っています。自衛のための武力行使や侵略に対

砂川判決の裁判長、田中耕太郎

して制裁を加える行為は、「国際法の上から適法と認められているのであつて、一九二八年の不戦条約や国際連合憲章に於《お》いても明白にこのことを規定している」と述べていました。

その他、一九五九年の砂川《すながわ》判決にも同じような論理構成で九条を解釈していると思われる文言があります。

（日米）安全保障条約の目的とするところは、その前文によれば、平和条約の発効時において、わが国固有の自衛権を行使する有効な手段を持たない実状に鑑み、無責任な軍国主義の危険に対処する必要上、平和条約がわが国に主権国として集団的安全保障取極《とりきめ》を締結する権利を有することを承認し、さらに、国際連合憲章がすべての国が個別的および集団的自衛の固有の権利を有することを承認しているのに基き、わが国の防衛のための暫定措置として、武力攻撃を阻止するため、わが国はアメリカ合衆国がわが国内およびその附近にその軍隊を配備する権利を許容する等、わが国の安全と防衛を確保するに必要な事項を定めるにあることは明瞭である。

一部の憲法学者の方々は、こうした経緯を何とかして否定しようと躍起になっていらっしゃいますが、よくよく考えれば、そのような憲法学者の方々こそが、憲法に反しているのです。

［質問］高校の政治経済の授業では「自衛隊の戦力は必要最小限のものである」と習いました。自衛権の行使のために軍隊を扱う際、それが必要な量であるかどうか判断する基準があるのでしょうか。歴史的には、ＧＨＱが大日本帝国下の軍隊を解体した後、しばらくたった一九五四年に警察予備隊から自衛隊が生まれた経緯がありますが、「量」の問題と関係がありますか？

自衛権行使には、必要性・均衡性の制約がかかってきます。ということは、相手との相対的な関係によって決まってくる概念が基準になっているということです。ですから一般的・絶対的に「量」を確定させるのが難しいという事情はあります。しかしこれは仕方がないことです。自衛権とはあくまで違法者に対抗する権利であり、対抗措置が違法者との相対的な関係で決まってくること自体はどうしようもない。平時から整備する防衛力も、潜在的な脅威との関係で適切な質と量が決まってくるものでしょう。

ということは、必要性・均衡性の概念では説明できないものを保持すれば、「そんなものを持つのはおかしいんじゃないか」という議論にはなるでしょう。たとえばある一国の安全保障のため、宇宙全体を破壊する能力がある武器を持つということは必要でないでしょう。太陽系を隅々まで調べてみて生物がまったくいないことが確証されてもなお、太陽系すべてを破壊する武器を持つことは必要ではありません。これは必要性の原則からすると持つ必要がなく、国際法上も想定できない水準の武器だ、と言えるでしょう。

ただし別のある国が宇宙から攻撃できる武器を持ち、すでに火星に軍事基地を建設しているということであれば、火星からミサイルを撃たれてやられっぱなしになる恐れがあるため、火星攻撃能力を持つ必要性が出てきたという主張に妥当性が出てきます。必要性の範囲は、国際安全保障の体系にたいする関与・責任の度合いによってだいぶ変わってきますが、環境・状況によって可変的なのは仕方がないし、むしろそのほうがいいということになっています。宇宙で武力行使をすることを避けたいのであれば、それを目指した国際条約をつくるべきです。自衛権をこねくり回すのは、お門違《かどちが》いでしょう。

日本政府は自衛隊について必要最小限という言葉を使っているわけですが、私に言わせれば必要最小限というのは、自衛権を適正に行使するための手段を持つということです。ただ、本来であれば、必要最小限というのは自衛権行使のため、日頃から適正な範囲内で必要かつ十分な能力を日頃から持っておく、ということの言い換えでしかないでしょう。それならば最初からそう言ったほうがいいのではないかと思いますが、日本国内の特殊な国会論争の中で、「必要最小限」という独特な言葉遣いが定着してしまいました。

繰り返しになりますが、自衛隊は憲法上の「戦力」ではなく、国際法上の軍隊です。つまり憲法で禁止されている戦争の遂行を目的とする組織ではなく、自衛権という国際法上の合法的な行為を目的とする組織です。したがって国際法違反でも憲法違反でもありませんが、国際法における自衛権の制約には服することになります。

一九四六年の段階で警察予備隊をすぐにつくらなかったのは、その必要性がなかったからでしょう。朝鮮戦争で共産勢力の脅威が高まり、必要性が出てきたので、今まで持っていなかったものを持つようになった、というのは、驚くべき考え方ではありません。憲法違反ではない。ただそのあたりは、憲法論というよりも、政策論の話だとは思いますが。

ポツダム宣言は、大日本帝国軍は違法行為を行う組織だとみなしました。それを日本は受け入れました。そして大日本帝国軍は解体されました。しかし「ポツダム・プロセス」は、それ以外の組織については、述べていません。そこで重要になるのは、国際法から逸脱した組織を持っているかどうかの審査基準です。ある憲法学者の言語感覚に沿って軍隊っぽいと言えるようなものを持っているかどうかは、審査基準とは言えません。

警察予備隊の名称が自衛隊に変わった際、たしかに内容はより充実したものとなりましたが、これは制度論上のものであって本質的な問題ではありません。自衛権を行使する手段を持つ組織であることを強調するため、警察予備隊（Japan Police Reserve Corps）から自衛隊（Japan Self-Defense Forces）という名前に変えました。「警察」では内政面で活躍するというニュアンスが強すぎるため、国際法上の自衛権を行使する主体であるという性格を前面に出し、自衛隊なる組織を維持することにしたのでしょう。ただ警察予備隊の時代から、あまり内政面には特化していませんでしたね。警察予備隊はもともと自衛隊的なものだったのでしょうけれども、最初の段階ではコンセンサスが固まっていなかったのはそうなのでしょう。GHQや日本政府の憲法認識が根本的に変わったというよりも、徐々に憲法九条の政策的な運用体制を展開させていった、ということではないでしょうか。

私のようにPKOを研究している者から見ると、フランス語でジャンダルムリ（Gendarmerie 憲兵隊）と呼ばれる国家憲兵隊（武装警察隊）の国際平和活動における役割は、非常に重要なテーマです。軍隊はまとまった重装備のものを動かす能力に長《た》けていますが、警察のように少人数で機動的な行動を取ることには適しません。そういう考え方から、軽武装の法執行部隊を持つことがあります。これは警察の一部でありながら軍隊的な性格を持つ中間的な存在で、ヨーロッパのフランスやイタリア、カメルーンなどかつてフランスの植民地だったアフリカの国々は、オペレーショナルな事情でそのようなものを維持しています。ひとたび持つと、失うことが不便だと感じるようになります。だから、フランスの植民地支配が終わった後も維持しているわけです。

英米では軍隊の概念と警察の概念をそれぞれ拡張させることにより、ジャンダルムリ的な仕事をどちらかにやらせている。たとえばウサーマ・ビン・ラーディンの暗殺は海軍の特殊部隊・ネイビーシールズ（Navy SEALs）によって実行された。あれには、海軍で駆逐艦などを運転している人たちとはまったく違う能力が必要ですよね。ネイビーシールズは特殊能力を持つ別組織であるとみなすのか、それとも海軍組織のどこかに位置づけるのか。これはあくまで制度的な体系図をどう描くかという問題なので、政策論として決めればいい事柄です。憲法問題ではなく、行政機構の仕分けの問題です。

警察予備隊はもしかするとジャンダルムリ的なものをイメージしていたのかもしれませんが、そうではないことに気づいて自衛隊という名称で、組織変更を図ることになりました。

私に言わせれば、これはあくまでも憲法九条運用体制の中の政策的な変遷の話です。

[質問]日米安保についてお聞きしたいことがあります。敗戦国である日本は九条によって戦力を保持できず、一切の武器の保持を禁じられている。だから日本はアメリカに守ってもらうため、日米安保を結んでいる。私は高校でそう教わっていて、これはけっこう筋が通っていると思っていたんですが、篠田先生は、どう思われますか。

それは高校の先生の口頭の説明であって、自衛隊の存在を無視しているわけですが、半分は当たっていると思います。大日本帝国時代の日本は違法行為を行った違法国家でした。ポツダム宣言の受諾で日本はその認定を受け入れ、国の仕組みをつくりかえることになり、六年間かけてつくりかえました。それが「ポツダム・プロセス」です。六年かけたら晴れて別の国家として生まれ変わり、ふつうの主権国家になりました。そのプロセスをへて、大日本帝国軍という違法な存在が解体され、自衛隊という別の組織が生まれるなど、さまざまな事象が発生しました。米軍は、当初は「ポツダム・プロセス」の履行確保、その後の段階的な安全保障体制整備への寄与、などと役割を変えながら、日本に存在し続けています。日米安全保障条約は、憲法九条の運用体制と、不可分一体のものとして、運用されてきたものだ、というのは正しいと思います。

第6章

九条とはなにか③

——大日本帝国憲法の思想を否認する二項後段

「交戦権」はその存在を否認されている

憲法九条二項の後段部分「国の交戦権は、これを認めない」は非常に短いですね。「もう少し説明しておいてくれると助かったのに」ということはあるかもしれません。

はじめて憲法を読む人のための解説として申し上げますと、二項後段のポイントは、ただひとつです。「国の交戦権（the right of belligerency of the state）」という概念は、国際法には存在していない、ということです。

「交戦権」は、日本国憲法以外のどこにも存在していない概念です。これは、日本国憲法九条二項で、ただ否認されるためだけに存在している概念です。否認されるためだけに世の中にいる、とても不思議な概念ですね。

存在していないものを否認しても、何も変わりません。たとえば世の中には幽霊がいるという人もいるかもしれませんが、幽霊は通常、世の中に存在しないとされています。もし憲法の条項で「幽霊の存在は、これを認めない」と書いたら、それによってすごく革命的な事態が起こるかというとそうではなく、幽霊が存在しないことが法律でも認められただけで、何も変わらないんですね。

では、それでもあえてなぜ、存在していないものを否認するのでしょうか。

昔、存在していないものを振りかざして悪いことをした人がいたので、その行為に「悪いことだった」という意味を与えるために、存在していないものを否認するのです。そのためには、存在していないものの否認をしておくことの意味があります。

図5　「交戦権」は憲法で否定されるためだけに存在している実体のない概念である

幽霊の否認をしておけば、「幽霊になった親父が土地を買う」と言う人が現れた時に、「幽霊は土地を買うことができません」と堂々と言うことができます。「あなたみたいな人がいることを予測し、念には念を入れて幽霊の存在は認めない、と憲法が宣言していますから、あなたが勝手に幽霊による売買をすることはできないんですよ」と言うことができる。九条二項が言っているのは、このようなことです。

ところが、誰かが、自分は世界で初めて幽霊を見ないようにしている画期的な人物だ、と主張し始めたとしたら、どうでしょう。幽霊はいないのではない、私があえて世界初の試みとして見ないようにしているだけだ、と主張し始めたら、どうでしょうか。そして、幽霊は、実は本棚の裏側に隠れているんじゃないか、強盗が持っているのではないか、などといった議論を始めるとしたら、どうでしょうか。幽霊はAだという説（甲説）があるが、幽霊はBだという説（乙説）もある……、そういう妙なオカルト小説みたいなことを言い始める法学者が現れたら、どうでしょうか。どこまで行っても話はまとまりませんね。幽霊は存在していないんだから、幽霊の存在を認めない。それだけでいいんです。ただ、昔、幽霊の実在を主張して混乱をもたらした者がいたとしたら、念のため、幽霊の存在は認めない、という宣言を、憲法の条項を入れておいてもいいかもしれません。

そういうことですね。

国際法で「交戦権」という概念は存在しない。これは国際法学者も指摘していることです。ところが訳《わけ》がわからなくなって議論に窮した一部の憲法学者が、「交戦権って実はこういうことなんじゃないか」「俺は交戦権ってこういうものだと思うな」などとオカルト小説家みたいなことを言い合うようになりました。そして混乱が生まれました。

日本政府も残念ながら、これについてはオカルト小説家のような一部憲法学者の議論にかなり引っ張られ、法的根拠がいまだに見つからないような答弁を繰り返しています。たとえば日本政府は交戦権について「交戦主体が持つ権利義務の総体である」と答弁したりしていますが、そんなものを「交戦権」と呼ぶ国際法上の習慣も条約もありません。これは日本政府が答えに窮し、思い付きで言い始めてしまったことです。思い付きで、国会答弁を通じた事実上の立法行為をしてしまっているわけなのですが、実は根拠はありません。

この思い付きの国会答弁を守りきるために、自衛隊員は、捕虜になっても、国際人道法が適用されない存在だ、などと日本政府は主張しています。いくらなんでも酷い話です。政府の役人が、法的根拠のない思い付きで、捕虜になった自衛隊員を保護してはいけない、などと言っているのですから。大問題です。ところが一部の憲法学者が共犯者になって教唆《きょうさ》している。大問題です。

日本国憲法はちゃんと「交戦権を認めない」と言っています。存在しないものを認めないということは、先ほどの例で言えば「幽霊の存在は、これを認めない」ということです。昔、大日本帝国の関係者がそれを主張していたかのような形跡があるため「犯罪者を追い払い、違法行為を行う組織であった大日本帝国軍を解体したあとの日本ではもはや、交戦権という幽霊を認めるようなことはないだろう。しかし念には念を入れて、それを認めないことを誓っておこう」ということで、九条二項後段が生まれたわけです。

[質問]これまでの他の話にも関係しますが、内閣法制局が何らかの判断をするとして、そこに憲法上の根拠があるかどうかは、また別の問題なのですね。内閣法制局は、GHQ

時代に解体されていたものですが、なぜここまでの権威を持ち得たのでしょうか。

内閣法制局は、事実上の憲法審査機関として機能していると真面目に主張する憲法学者の方もいますね。しかし法的根拠がある話ではありません。

憲法九条の意味が判然としないという感覚の中で、国会で多くの答弁が行われた。そこでは、「法制局長官、ちょっと喋《しゃべ》っておいてくれ」「法制局長官、これでいいかな?」という場面が当然増えてくる。法制局長官はそこで重要事項についてしょっちゅう相談を受けるので、おのずと役割が重くなってくるという事情はあったでしょう。

たとえば、集団的自衛権が違憲だという話は、沖縄返還交渉が現実化してきたときに出てきました。米軍の行動については日本政府に事前に相談するという制度があります。それなのにベトナム戦争に従事している米軍がいる沖縄が日本に返還されると、日本がベトナム戦争に集団的自衛権を行使している状態が生まれる。それを逃れる詭弁《きべん》として、「集団的自衛権は違憲なので行使できない、だから行使していない」、という話が出てきたのでしょう。ですから、政治的面倒を避けるための口実を提供するスケープゴートとして内閣法制局が使われた、という言い方もできるかもしれません。

現在、日本国政府は交戦権について「交戦者が持つ権利義務の総体」というような言い方をしています。これは「交戦権」は、国際人道法（jus in bello：戦時国際法）の問題だと考えるということです。こうして、自衛隊法で武力行使をいつ開始するかという、武力行使にかんする法体系（jus ad bellum：開戦法規）とは区別できる問題だ、と言おうとしているようです。

この試みの副産物として、jus in bello の領域にある国際人道法と自衛隊の関係が非常に危うい状況に陥っています。日本政府は「日本には交戦権（交戦者が持つ権利義務の総体）がないので、自衛隊員に国際人道法は適用されない」「自衛隊員が南スーダンで何らかの理由で捕虜になっても、ジュネーブ捕虜条約は自衛隊員に適用されない」などと答弁しており、最初に思い付きで言ってしまった話が暴走してしまい、自衛隊にとって不利になるような主張をせざるをえなくなっているのです。困った事態です。

政府の役人が、勝手な思い付きで法的根拠がないことを言い出し、事実上の立法行為を行って知らん顔をしているだけでなく、それによって自衛隊員が国際法によって守られる権利を奪っているのですから、こんなにとんでもない話はめったにありません。

なぜ政府は根拠もないのに、自国が損をするようなことを言うのでしょうか。しかも本当に損をしているのは内閣法制局の官僚ではなく、自衛隊員なわけですよ。こういう無責任なことを勝手に答弁するというのは、いくらなんでも無茶苦茶です。自衛隊員が捕虜になったときに、捕虜条約を適用しようとする敵国にたいして、日本政府が「自衛隊員に捕虜条約を適用してはいけない」と主張するという、世界の人たちが目を見張るような奇異な状態が存在しているわけです。政府関係者もこの事態のおかしさは薄々わかっているのですが、国会対策上の目先の事情から、是正しようとはしません。そうなると結局、政策領域が著しく縮まり、何も海外行動ができない組織になってしまいます。そういう淋《さび》しい現状が生まれています。

そもそもbelligerent《ベリジェレント》というのは交戦者（組織）のことであって、combatant《コンバタント》（戦闘員）ではありません。交戦者は交戦主体となる国家のような組織ですが、戦闘員とは一人一人の兵士のことです。捕虜になった人間はcombatantあるいはnon-combatantという言葉で描写されます。つまり国際人道法は、戦闘員であるcombatantに対して適用されるのであって、国家のような集団であるbelligerentに対してではないのです。

こういう概念上の混乱が、「以前にそういう国会答弁をしてしまったんだから仕方がない」、といった、いい加減な理由で、憲法典に根拠のない超法規的措置として認められてしまっています。極めてゆゆしき事態です。国際法だけでなく、憲法典においても根拠がない超法規的措置を一刻も早く是正するべきだと私は考えています。

「交戦権」は戦中の大日本帝国の概念

交戦権という概念を用いているものとして、ここで信夫淳平《しのぶじゅんぺい》の『戦時国際法講義』（全四巻、丸善、一九四一年）を見てみましょう。日本の国際法学者が交戦権という概念を堂々と使いはじめるのは、太平洋戦争がはじまってからです。それまでの国際法学者はこの言葉を使っていません。しかし、太平洋戦争中の時代に戦時国際法の大家となった信夫は、「交戦権はある」などと言っていました。

「国家は独立主権国として、他の国家と交戦するの権利を有する。之《これ》を国家の交戦権と称する」。ところが信夫も、国際法上の根拠を見つけたわけではありません。そこで信夫は、「開戦」の方式は、「当該国家の交戦権の適法の発動に由るを要すること論を俟《ま》たない。その権能の本源如何は国内憲法上の問題に係り、国際法の管轄以外に属する」などと主張しました。つまり、国際法に交戦権はあると主張するが、その根拠は国内法にある、という珍奇な主張を堂々と展開し、戦中の日本でもてはやされ、学士院恩賜《おんし》賞を受賞しました。

信夫は、大日本帝国憲法における天皇の「統治権」や「統帥権《とうすいけん》」という概念を想定していたのでしょう。それらの大日本帝国憲法オリジナルな概念のロマン主義的な拡大解釈が蔓延《まんえん》していた時代でした。そのため、太平洋戦争勃発後に、「交戦権」の存在を語ってしまったのでしょう。

ただし国際法上の裏付けがあったわけではありません。そこで、国際法の「交戦権」の根拠は国内法、つまり大日本帝国憲法にある、という説明しかできなかったわけです。

大日本帝国憲法には「統帥権」の規定があります。天皇が持つ特別な権利が統帥権だとされたため、内閣はこれに触れることができませんでした。軍隊は天皇が統帥権に基づいて直轄統治しているため、内閣が軍艦の数を決めるのは統帥権干犯《かんぱん》であり、大日本帝国憲法違反である、と戦前の軍部は主張しました。これが一九三〇年の浜口雄幸《はまぐちおさち》内閣のロンドン海軍軍縮条約調印をめぐって起こった、有名な統帥権干犯問題です。そして一九三一年九月一八日に満州事変が起こり、大日本帝国の対外拡張が始まりました。

統帥権干犯問題というのは馬鹿げた議論で、今日の私たちは真面目に受け止めていませんが、このときは戦争中なので話は別で、信夫淳平は次のように主張したわけです。戦争を開始する権利、つまり「交戦権」なるものはある。もし「交戦権」がないということになれば、大日本帝国は違法行為として太平洋戦争を行っていると言わざるを得なくなるから、とても困る。戦争をやっている限り、「交戦権」はあると強弁するしかない。そのうえで信夫は、「交戦権」の概念が国際法に根拠を持たないことをよく知っているので「その根拠は大日本帝国憲法にある」と言ってしまったわけです。

先ほどの比喩で言えば、信夫は、「国際法には幽霊はいないが、大日本帝国憲法を根拠にして幽霊がいると主張する」、と言っていたことになります。

ちなみに「米國及英國ニ對スル宣戰ノ詔書」というのがあります。これは宣戦布告といわれる文言ですね。読みにくいので長文の引用は避けておきますが、少しだけ見ておきましょう。

> 朕茲ニ米國及英國ニ對シテ戰ヲ宣ス朕カ陸海將兵ハ全力ヲ奮テ交戰ニ從事シ朕カ百僚有司ハ勵精職務ヲ奉行シ朕カ衆庶ハ各〻其ノ本分ヲ盡シ億兆一心國家ノ總力ヲ擧ケテ征戰ノ目的ヲ達成スルニ遺算ナカラムコトヲ期セヨ……帝國ハ今ヤ自存自衞ノ爲蹶然起ツテ一切ノ障礙ヲ破碎スルノ外ナキナリ

いわゆるＡＢＣＤ包囲網によって「帝國ノ生存ニ重大ナル脅威」が発生してきているので、

やむを得ず攻撃した、というのが、「宣戦ノ詔書」の要旨です。この宣戦布告は、不戦条約体制の国際法では認められないので、もはや大日本帝国憲法における「統治権」や「統帥権」のようなものに、法的根拠を求めざるを得ないものでした。

マッカーサーらは、こうした経緯をよく知っていたので、あえて憲法で「交戦権」は存在していないことを宣言してもらいたい、と思ったのでしょう。

ワシントンD.C.にあった日本国大使館が「宣戦ノ詔書」の翻訳に手間取り、真珠湾攻撃が始まった後にコーデル・ハル国務長官に届けたため、先制攻撃になってしまった……、こういったことにこだわる議論があります。しかし国際法上、国際連盟規約と不戦条約体制下においては、このような議論は無意味です。国家は宣戦布告をすると正当に戦争を行うことができる、という観念は、一九一九年、あるいは一九二八年に、すでに葬り去られていました。すでに国際社会の主流にあった国際法の理解では、宣戦布告は一九世紀ヨーロッパ国際法が認めていた意味を失っていたのです。

宣戦布告書の翻訳が早く到着していたとしても、真珠湾攻撃は違法です。五時間早かろうが一〇時間遅かろうが、そんなことは何の関係もありません。米英諸国は、当時すでにそのような考え方を持っていました。彼らは、国際法の変遷を認めていないように見えた日本人に、国際法の変遷を認めさせるために、憲法九条に第二項をつくったのでしょう。

マッカーサーはなぜ「交戦権」を否認したかったのか

マッカーサーは、戦争が始まる前から一貫して南太平洋方面最高司令官でした。太平洋戦争当時、マッカーサーはフィリピンに駐留していましたが、最初は防戦一方でした。彼は自分が持っていた力に比して相当に抵抗したという実績だけを残し、最後にぎりぎりのところで闇夜に紛れてオーストラリアへ逃げました。その後に投降したマッカーサーのかつての部下たちは「バターン死の行進」などのひどい目に遭いました。その後、オーストラリアから攻めのぼってフィリピンを奪還し、日本にやってきたマッカーサーのもとには、常に最高レベルのインテリジェンス情報が集まっていたことでしょう。日本軍の行動の分析の一環として、信夫淳平の『戦時国際法講義』の内容くらいはきちんと把握していた可能性があります。つまり信夫淳平という国際法学者が「交戦権」なるものを主張し、それが日本軍の戦時法制のマニュアルとして流通していたということをマッカーサーが知っていた可能性はかなり高いということです。

これに関連したことで言うと、アメリカ合衆国が第一次世界大戦でヨーロッパの戦争に初めて本格的に参入したのは、ドイツ軍がUボートによる潜水艦攻撃をアメリカの商船にも行ったことがきっかけでした。ドイツ側は、潜水艦からでは民間船舶であるかどうかは見分けがつかない、いずれにせよイギリスのための物資を運んでいるのだろう、と考えて、攻撃していました。当時のドイツでは、「戦数（Kriegsräson《クリークスレゾーン》）」という概念が語られていて、戦争中には特有の国家の理性がある、と主張されていました。

二〇世紀初めの東京帝国大学法学部の国際法教授であった立作太郎《たちさくたろう》は、「戦数」は国際法違反であるとちゃんと主張しています。彼は、一九二〇年代の著作で、第一次世界大戦のときにドイツが主張していた「戦数」は国際法上、認められる余地がないと述べていました。これは日本の国際法学界の通説でした。しかし、第二次世界大戦当時あるいは満州事変以降の大日本帝国軍の行動を見ると、ドイツ人が第一次世界大戦当時、「戦数」と呼んだものを標榜《ひょうぼう》していたようにしか見えません。

大日本帝国が独自の事情に基づき、やむを得ない行動に出たとしたらそれは仕方がないじゃないか。太平洋戦争中の日本には、明らかにそのような考え方があり、信夫のような国際法学者がその片棒を担いでいました。

そこで、そのような反国際法の考え方を否定するために導入されたのが、九条二項です。

日本は、六年ほどかけて「ポツダム・プロセス」を完遂し、現代国際法をよく守る新しい国に生まれ変わり、一般主権国家として再出発したい、そのためには大日本帝国時代の怪しい法概念をはっきりと否認しておくことが必要だ。九条二項は、そういう誓いを立てているものです。

[質問] 一部の憲法学者の中には、九条二項は「前段と句点で区切られているため、『前項の目的を達するため』を後段にまで及ぼすことができず、自衛のための『交戦権』は否定されないと読むことが困難である」といった主張をする人がいますね。句読点があるので、交戦権の否認には、「前項の目的を達するため」がかからない、ということらしいです。そして交戦権は否定されているのだから、自衛戦争もやってはいけない、と論じる。こうした憲法学者は交戦権という言葉にどういう意味を見出そうとしているんでしょうか。

そもそも句読点がここにあるから、といった次元の話で、国家の安全保障政策を制約しようというのですから、相当異常ですよね。句読点がどうしたとか奇妙なことで争っているのは、「交戦権」が否認されると、自衛権を行使する交戦状態にも陥ってはいけなくなると思い込んでいるからですね。奇想天外です。強盗に襲われてはいけない義務などありえないように、交戦状態に陥るための権利などありません。交戦状態は、交戦の権利や、交戦の義務で、起こるものではありません。

自分の努力だけで交戦状態に陥るのを防ぐことは基本的には不可能です。誰かが攻撃をしてきたら、それで交戦状態が生まれます。交戦状態というのは、権利を行使して生まれるものではなく、物理的な自然の物事の成り行きとして生まれてくるものです。台風が来て被害が出る、地震が起こってひどい目に遭う、雨が降って雨に当たるというような物理的な自然の物事の流れと同じように、当事者の権利義務にかかわらず、交戦状態は発生してしまうものなのです。台風の被害に遭いたくないので、「台風被害に遭う権利を否認する」という憲法条項を作ろう、というのは、全く馬鹿げているでしょう。仮に自分だけが無抵抗主義をとったとしても、事情は変わりません。相手が武力攻撃を仕掛けてきていたら、それで交戦状態です。

「交戦権」がないなら、交戦状態にも陥ってはいけない、と言うのは、たとえば「お前は台風遭遇権を持っていないから、台風が来たら憲法違反だぞ」と言うのと同じくらいに、馬鹿げています。句読点がここにある、あそこにある、といったレベルの話で、どうこうなるものではありません。

どうしてこういう異常なことを異常だととらえない人がいるのか、本当に疑問で仕方がないですね。おそらく、イデオロギー的な思い入れが強すぎるのでしょうね。とにかく何が何でもあらゆる万難を乗り越えて自分の信じる政治的理想を主張したい、そのためには何としてでも憲法の権威を利用したい、そういう願望が強すぎて、普通では考えられない錯綜《さくそう》した話をしてしまうのでしょうね。

第7章

憲法と日米安全保障条約はどんな関係にあるのか

「ポツダム・プロセス」の終結点としての一九五一年

日本の「ポツダム・プロセス」で履行された、戦争・平和・憲法という推移のステップは、世界で数多く実行されているパターンです。日本国憲法の場合には太平洋戦争・ポツダム宣言受諾というワン・ツーの後、日本国憲法の制定という三番目のステップが導入されました。一九五一年にこのプロセスが晴れて完成し、サンフランシスコ講和条約で旧連合国諸国は日本が平和愛好国家になったことを認めました。

サンフランシスコ講和条約には「平和愛好国家」という文言があります。第五条（C）を見てみましょう。

> 連合国としては、日本国が主権国として国際連合憲章第五十一条に掲げる個別的又は集団的自衛の固有の権利を有すること及び日本国が集団的安全保障取極を自発的に締結することができることを承認する。

旧連合国の諸国は、日本が平和愛好国家として成立したことを認め、「ポツダム・プロセス」の間に日本にかけていた制約を正式に取り払います。日本は、その暁には国連に加盟し、主権国家として国連憲章第五一条の自衛の権利を持ち、それに基づいて集団安全保障取極を締結することになります。サンフランシスコ講和条約には、こうした事情が親切に書かれています。この考え方にしたがい、国連憲章の集団安全保障がないことを補完するため、地域的な取り決めとして、日本は、アメリカと、日米安全保障条約を結びました。

主権回復は「ポツダム・プロセス」の終結点であり、なおかつ日本が憲法前文に書かれている「政治道徳の法則」を守る新しい国になったことを諸国が認めた瞬間でもありました。もはや「自国のことのみに専念して他国を無視」する国ではなくなり、自国の主権を維持し、他国と対等関係に立つ国になったことが国際的にも正式に認められたということですね。

ただし、これについては批判的な見方があります。サンフランシスコ講和条約に調印したのは連合国全部ではない、という議論です。サンフランシスコ講和条約に反対した勢力は、「片側講和」「全面講和」という言葉を用い、次のように主張しました。サンフランシスコ講和条約にはソビエト連邦などの共産主義勢力が参加していない、ひとつの側としか講和条約を結んでいないのでこれは片側講和で、本来であれば全面講和であるべきだ、と。

このような社会主義諸国に配慮する議論をする人たちは、憲法を参照することが多かったので、「護憲派」といわれる勢力として認知されていくようになります。その後、改憲を目指して内閣が組織した内閣憲法調査会に、憲法学者ら「護憲派」の人たちはまったく参加しませんでした。そして憲法問題研究会という民間のグループを形成し、改憲阻止の運動を主導するようになりました。

内閣憲法調査会の会長だった高柳賢三は憲法を「日米合作」と結論づけた

たしかに全ての諸国との講和のほうが望ましいでしょう。ですが、占領統治を行っていたのはアメリカ合衆国を中心とする勢力でしたので、「片側」勢力との講和条約でも、日本が主権を回復するという現実をもたらすには十分でした。ですから一九五一年に「ポツダム・プロセス」が終了したとみなすのは、間違いではないはずです。実効性のある措置を取ることができる相当数の国が、サンフランシスコ講和条約というかたちで日本の主権回復を認めました。「ポツダム・プロセス」の実質的な終了を認めるには、それで十分だと思います。

「ポツダム・プロセス」が終了したら即時に国連に加盟するのが本来の正しい姿でしたが、それができなかったのは、ソ連が拒否権を発動したからです。ソ連が拒否権を発動せず、日本を国連に迎え入れた一九五六年に、「ポツダム・プロセス」の残されたワンピースが完成した、という言い方もできるかもしれません。ただ五一年なのか五六年なのかは歴史理解の細部の話で、今日から見ればどちらでもそれほど大差はありません。

ポスト「ポツダム・プロセス」としての日米安保体制

サンフランシスコ講和条約が結ばれたその日に日米安保条約が結ばれています。この歴史的経緯を見てもわかるように、日米安保条約は極めて特別な意味を持つ条約として日本の国の成り立ちに大きな影響を与えました。

国連本部で国旗掲揚を見守る重光葵外相
(1956年12月18日)

この条約が結ばれたことにより、「ポツダム・プロセス」を見守るという主旨で駐留した軍隊のうち、主力を占めた米軍が引き続き日本に駐留し続けることになりました。生まれ変わり、もはや国連憲章上の「敵国」ではなくなった新しい日本は、主権回復後、即座に、アメリカと同盟関係に入った。これは新しい日本とアメリカ合衆国との関係が特別なものであり、なおかつ日米安全保障条約が特別な条約であるということを示唆しています。では日米安全保障条約を見てみましょう。

日本国は、本日連合国との平和条約に署名した。日本国は、武装を解除されているので、平和条約の効力発生の時において固有の自衛権を行使する有効な手段をもたない。

無責任な軍国主義がまだ世界から駆逐されていないので、前記の状態にある日本国には危険がある。よつて、日本国は平和条約が日本国とアメリカ合衆国の間に効力を生ずるのと同時に効力を生ずべきアメリカ合衆国との安全保障条約を希望する。

平和条約は、日本国が主権国として集団的安全保障取極を締結する権利を有することを承認し、さらに、国際連合憲章は、すべての国が個別的及び集団的自衛の固有の権利を有することを承認している。

日本はもはや軍国主義国家ではなくなったため、講和条約が結ばれ、「ポツダム・プロセス」が終わりました。しかし「ポツダム・プロセス」の過程で行われた武装解除のため、自衛権を行使するための手段を持っていませんでした。これが一九五一年の時点での事実認識

サンフランシスコ講和条約に署名する吉田茂首相（1951年9月8日）

でした。日本は甚だ脆弱《ぜいじゃく》な状態に置かれているということで、日本は「ポツダム・プロセス」中に駐留したアメリカ軍に、引き続き日本に駐留し、日本の自衛権の行使を補ってもらいたいと希望することになりました。これが日米安全保障条約の論理構成でした。

いまやサンフランシスコ講和条約でふつうの主権国家となった日本は、堂々と行使することができる個別的および集団的自衛権を保有する権利、さらには集団的安全保障取極を締結する権利があることを認識しつつ、自国の実力の不足を補って、これらの権利を行使するために、日米安全保障条約を結びます。つまり「ポツダム・プロセス」が終了し、日本が晴れてフルに集団的自衛権を行使することができるようになったので締結したのが、日米安全保障条約です。軍隊がない状態で集団的自衛権を行使する状態を準備した、というのが、日米安全保障条約の考え方です。

日米安全保障条約は一九六〇年に改定を果たしますが、当初の論理構成は基本的には維持されました。新安保条約の文言を見てみましょう。

日本国及びアメリカ合衆国は、両国の間に伝統的に存在する平和及び友好の関係を強化し、並びに民主主義の諸原則、個人の自由及び法の支配を擁護することを希望し、また、両国の間の一層緊密な経済的協力を促進し、並びにそれぞれの国における経済的安定及び福祉の条件を助長することを希望し、国際連合憲章の目的及び原則に対する信念並びにすべての国民及びすべての政府とともに平和のうちに生きようとする願望を再確認し、両国が国際連合憲章に定める個別的又は集団的自衛の固有の権利を有していることを確認し……

五一年の段階の日本では、まだ自衛隊は整備されていませんでした。しかし一九六〇年の段階では、自衛隊もかなり大規模の軍隊となっていました。これによりアメリカと日本の関係に調整が入ったわけです。しかし日米安保条約の基本的な性格は変わりませんでした。基本的枠組みを維持しながら行った調整の成功により、その後半世紀以上にわたって一度も条約の改変は行われないことになりました。

日米安全保障条約は、「人」と「物」を提供し合う「非対称条約」と言われます。基本構造は、日本が基地（土地）を提供し、アメリカがそこにいる人（軍隊）を提供する、というものです。最近は日本が基地に付属する経費のほとんども提供しています。一方で、片務的《へんむ》ではありませんが、提供しているものが異なっているので、非対称ではあります。片務的、という言葉は、片方の当事者だけに義務がある状態を指します。これは違います。日本とアメリカの双方に義務があります。しかし非対称です。なぜならそれぞれが負っている義務の中身が違っているからです。

たとえばAさんとBさんがバーベキューをやるというとき、AさんがBさんに「俺はバーベキューセットを持ってくる。重たいけど、俺一人で持ってくるから大丈夫だよ。お前は肉と野菜を買っておいてくれない？」と頼む。Bさんはそこで「俺だけが金を払うことになるのは嫌だよ」と文句を言うかもしれません。しかしAさんは「バーベキューセットは高いから一回ぐらい肉を買ってくれたぐらいでは見合わないくらいなんだ、ほんとうはレンタル料を取りたいぐらいなんだけど、今回はお前にもタダで使わせてやるよ、それよりしっかり肉を買ってきてくれよ」と言う。お互いに不満はあるものの、Aさんは「まあいいか。俺は何も買わなくていいんだから」と思い、Bさんは「まあいいか。たしかに肉だけ買っても、バーベキューセットがなければバーベキューができないんだから」と思い直す。

このようにして維持しているのが日米安全保障条約です。条約締結国の一方が人を出し、もう片方は物を出すという非対称な提供関係にあり、お互いに利益があると観念して条約関係を結んでいるという意味で非対称条約です。ただし片務的条約ではありません。異なる内容ですが、相互に義務があります。

この非対称条約の根拠には、集団的自衛権も含みこまれており、集団的安全保障取極です。一九六〇年の国会答弁を見ると、総理大臣・内閣法制局長官・防衛庁長官はいずれも次のように答弁していました。日本は集団的自衛権で華々しく海外に派兵するということはやらないが、基地を貸すのは集団的自衛権の行使につながると国際法学者が言うのであれば、それはわかった。そもそも集団的自衛権を行使する権利を持っているんだから、そのぐらいはやってもいい。

沖縄返還時の日米安保体制の解釈修正

この考え方は、一九六〇年代後半に激化したベトナム戦争をめぐって、問題になりました。一九六〇年の安保条約改定により、事前協議制度が導入されました。在日米軍が日本の領土を超えて対外行動に出るときには、事前に日本政府に相談してもらいたい、という取り決めがなされたのです。日本がアメリカに「事前協議制度」を頼んだのです。しかしその状態でアメリカ軍がベトナムに行き、爆弾を落とすのであれば、アメリカの行動を了解して基地を貸している日本も、紛争の当事者になります。ベトナム戦争に関して集団的自衛権を行使している状態に入るわけです。これは当初、沖縄が返還されるまでは一つの想像でしかありませんでした。しかし連日にわたってベトナムに向かって爆撃機が飛び立っている米軍基地がある沖縄の返還が現実化してくると、事情は変わります。

そこで沖縄返還をアメリカと交渉し始めた佐藤栄作政権後期に、集団的自衛権をめぐる政府見解が変わり始めます。集団的自衛権は違憲だという示唆が、内閣法制局長官らの口から出るようになりました。

沖縄返還を目指す佐藤首相は、「事前協議制度」を骨抜きにするという密約をアメリカと交わします。沖縄の基地にある米軍機がベトナムに行って爆弾を落としてくることを事前に了承などして、ベトナム戦争の当事者になることは避けたい、と思ったのでしょう。佐藤首相は、事前協議それ自体を骨抜きにしました。つまり「日本は何も知らないことにしてくれませんか？　事前協議制度があっても事前に報告なんてせず、勝手にベトナムに行ってください」というやり方を画策しました。要するに「責任を負いたくないから俺に相談しないでくれ」ということですね。核持ち込み密約が非常に有名ですが、実際にはもっと重要だったのは、事前協議制度の骨抜き密約ですね。

一九六八年のジョンソン政権の最末期に佐藤栄作は国会答弁で「沖縄の基地を返してもらうための本格的な交渉をはじめたい」と言い、リップサービスで「日本はベトナム戦争を支持している」とも発言しました。そして一九六九年に成立したニクソン政権から、交渉開始の約束を取り付けました。そのときアメリカ側の窓口になったのは、ヘンリー・キッシンジャーです。彼は国家安全保障問題担当補佐官でした。そして日本側の密使として京都産業大学の若泉敬《わかいずみけい》教授が選ばれました。両名が密会を重ねたうえで、核持ち込み密約と事前協議制度骨抜き密約を中核とする沖縄返還の合意の骨子がつくられました。

密約を交わし、沖縄返還を達成したのは一九七二年五月です。佐藤栄作首相はそれを花道にして退陣し、田中角栄が内閣総理大臣に就任しました。その五カ月後に発せられた内閣法制局見解が、集団的自衛権を違憲とする有名な見解です。集団的自衛権違憲論が、沖縄返還と時期的に連動する形で出てきていたことは、非常に重要なポイントです。

集団的自衛権は違憲なので、行使しているはずがない、国会でもめることがあるとしても、「そもそも違憲なんだから、そんなことをやってるはずがないでしょう。沖縄返還後も、ベトナム戦争と日本は一切関係がありません」という詭弁を積み重ねるために、集団的自衛権を違憲にしておくことは好都合だったのでしょう。

どうやらアメリカ側は、こうした日本政府の態度を、あるいは特に田中角栄首相のことを、非常に苦々しく思っていたようです。その後、田中角栄は、ロッキード事件というアメリカから出てきたスキャンダルで、失脚します。

以上が、「ポツダム・プロセス」の終結点およびその後日談です。

戦後日本の国体

冷戦初期には、日本は、安全保障の不安から、アメリカとの集団的自衛権を根拠にした同盟体制を望みました。冷戦後期の一九七〇年代には、アメリカが行うベトナム戦争への「巻き込まれ」への恐怖から、集団的自衛権が違憲とされました。これに対して、冷戦終焉《しゅうえん》後には「見捨てられ」への恐怖から日本の防衛政策の見直しが進み、集団的自衛権が合憲と見直されていくことになります。

こうした変遷はありましたが、一貫していることもあります。憲法の考え方に沿った日米安保体制が、「戦後日本の国体《こくたい》」と呼ぶべきもの、つまり戦後の日本の国家体制の枠組みを、形成し続けている点です。この枠組みをつくりだしたのは「ポツダム・プロセス」でしたが、日本国憲法は、このプロセスの終了後も、「戦後日本の国体」を支え続けました。日本国憲法と日米安保条約は、表裏一体の関係にあります。

日本国憲法は、第二次世界大戦時のダイナミックな国際情勢の変転の中で、つくりだされました。その運営も、国際社会の動きに合わせて、進められてきています。具体的な運営方法には変遷がありましたが、大きな枠組みは、変わっていません。

国際法を守る国として日本は再生し、憲法を制定しました。この「ポツダム・プロセス」の成果は、現在に至るまでの安全保障政策などの中にも深く浸透しています。

憲法をめぐるいかなる議論も、国際社会の中で日本国憲法がある、という点を忘れては、進んでいかないでしょう。日本人がそれをどこまで意識するか否かを問わず、日本国憲法の国際主義は、日本という国の存在を支える本質的な性格なのです。

[質問]ベトナム戦争のようなアメリカの戦争に巻き込まれる恐れは、常に存在していると思います。仮に政策的判断で集団的自衛権を行使しないことにする場合、果たして日本政府はアメリカにたいしてきっぱりとそう言えるのか。

怖くて言えないから、憲法のせいにして言い逃れしよう、というのは、国家の真面目な政策論でしょうか。

もし憲法で集団的自衛権を行使する可能性を一切封じ込めるとすれば、「アメリカは常に悪いことをするから、常にアメリカに協力できないように憲法で禁止しておこう」、ということになります。これは、少なくとも「平和を愛する諸国民の公正と信義に信頼」する、という憲法前文の文言と大きく矛盾することになります。

アメリカ合衆国は本来、「正義」を追求している国であるはずなのに、今回に限ってはちょっと違うんじゃないか、と日本が思うのであれば、その思いを政策に反映させていくのは、当然の行動でしょう。日本国憲法が信頼するように指示をしているのは、「平和を愛する諸国民の公正(justice)と信義」です。だからアメリカ合衆国が「justice」を追求していない場合には、信頼感をもってそのことを指摘してあげるべきでしょう。ただしそれは、「アメリカは常に必ず間違っているので、憲法でアメリカとの協力を禁じておくべきだ」、といっといった考え方とは、まったく違います。

少なくとも、言うのが怖いことを言わないで済むようにしておくために憲法を利用しよう、といった責任逃れの姑息《こそく》な発想は、憲法論のレベルの議論ではないですね。

「集団的自衛権は違憲だということにしておいたほうが、アメリカから色々言われなくていいから、楽じゃないか、それでもアメリカは黙々と日本を守る」、といった考え方は、狡猾《こうかつ》すぎます。あまりにも見え透いた狡猾さですから、相手からの信用は得られないでしょう。相互に信頼がなくなってしまえば、安全保障条約なども溶解していくことになるでしょう。

「悪いのは私ではない、憲法だ」といった詭弁は通用しないし、なにより信用されない。「それなら憲法を変えたらいいではないか」と相手は思うだけですから。小手先でやりたくないことを回避する、その場限りの仮病のような術に、憲法を利用しようというのは、姑息すぎます。仮病は一回の欠席を正当化するには有効ですが、「あんなの仮病に決まってる」と思われてしまえば、長期的な不利益を生むだけです。

日米安全保障条約とは、集団安全保障の補強策として取られた地域的安全保障取極です。個別的自衛権と集団安全保障だけで十分だと言えるほど、安全保障は簡単ではありません。そこで中間領域にも地域的な安全保障の仕組みをつくるという措置が、世界中で行われています。冷戦時代を通じて、NATO（北大西洋条約機構）とWTO（ワルシャワ条約機構）はにらみあっていましたが、遂にお互いに戦争をしなかっただけでなく、それぞれの陣営の中でも戦争を起こしませんでした。そこで冷戦が終焉し、WTOが崩壊した後、旧WTO加盟諸国はこぞってNATOに入りたがりました。その結果、旧WTO加盟の東欧諸国は、すべてNATO加盟国になってしまいました。NATOに入っていないのは、ソ連だった部分だけ、つまりソ連を構成していた共和国であったロシアやウクライナなどの国々だけです。なぜそこまでこぞってWTOからNATOに入りなおしたがったのかと言えば、集団的自衛権の同盟体制の保障がないと、安全保障上の安心が得られないからですね。

国連に加盟している一九三カ国で集団安全保障があり、それぞれ一カ国ずつで個別的自衛権がありますが、それだけでは足りないので、二八カ国といった中間的な数での集団的自衛権にもとづいた安全保障の仕組みも、国際的に制度化されているのです。日本には二八カ国もの仲間がいないので、アメリカと二国間条約でそれを補っています。数は少ないですが、狙いは同じです。

集団安全保障を軽視するわけではないし、個別的自衛権を行使しないわけでもないが、不安なので真ん中にもうひとつ安全保障政策を置いておく、日本にも地域的な安全保障の仕組みがあったほうがいい、そういう考え方から、日米安全保障条約が生み出されたのです。「ポツダム・プロセス」終了後、日本の国力が増した後、日米安保条約は改定されました。しかし冷戦中は、日本は「日本の共産化の恐れ」をカードにして、アメリカの日本防衛への関与を、安価に確保し続けました。「アメリカさん、日本はもっと自国の防衛力を高める努力をするべきだなんて言うと、保守党政権が倒れて、日本に共産主義政権ができますよ」、というのが、アメリカを黙らせるための姑息な決まり文句でした。ところが冷戦が終焉すると、共産主義の台頭などもはやありえませんから、「日本の共産化の恐れ」カードは使えなくなり、日米同盟は漂流し始めました。現在の日米関係は、ガイドラインをつくったり、二〇一五年の安保法制をつくったりするなどの同盟維持の努力によって、確保され続けています。

[質問]篠田先生は、憲法改正については、どのように考えていらっしゃるのですか。現行憲法は、集団的自衛権を禁止していないとしても、改憲は必要でしょうか。改憲すると従来の憲法の平和主義はどうなるのでしょうか。

改正のポイントは解釈を確定させることだと考えています。現状では、憲法九条の解釈は大きく割れています。それはとても良くない状態です。まずは九条の解釈を確定させるための措置が望ましいと思っています。

安倍首相は、自衛隊の合憲性を確定させる改憲をしたいと言っていますが、妥当な発想でしょう。解釈が分かれている状態で、行政府の長として自衛隊を動かしにくいというのは、全くその通りなのだろうと思います。

ただ、私は、いま出ている自民党の改正案に全面的に賛成しているわけではありません。「実力」とか意味がよくわからない言葉を使うのは、感心しません。「自衛隊」という組織の固有名称を、そのまま憲法に入れるのも、適切とは思いません。組織の固有名称が憲法に規定されているのは、内閣・国会・裁判所などの組織のレベルだけですよね。

実は「必要最小限の実力」というのは英語にできません。necessary and minimum ability と言うらしいのですが、自衛隊を「ability」と言うことに何の意味があるのか、さっぱりわかりません。学生さんがテストで答案を書いたりすることも ability だし、私がここで何か言葉を発することも ability です。自衛隊もそういう意味で ability ということですが、それでは具体的に何を言っているのか、まったくわかりません。「必要最小限の ability」という文言を見て、何かしらの解釈が確定された、と感じる人はいないだろうと思います。

私は、二〇一七年に『ほんとうの憲法』(ちくま新書)という本を出した際、九条三項を追加する改憲をするのであれば、「**前二項の規定は、本条の目的にそった軍隊を含む組織の活動を禁止しない。**」という文言を入れるのがいいのではないか、と書きました。この措置によって、「戦力ではない軍隊」が違憲ではないことが明らかになります。あとは自衛隊がその「戦力ではない軍隊」であることが通常法で確認できれば十分です。解釈が分かれているのは、自衛隊という名称の合憲性ではなく、軍事組織が合憲でありうるかどうか、なのです。私の考えは、今でも変わっていません。

改憲の必要性と集団的自衛権についても申し上げましょう。日米安保条約には「日本国が主権国として集団的安全保障取極を締結する権利を有することを承認」するという文言があり、条約起草者が、論理構成上、集団的自衛権を行使する体制をとるという前提を認めていたことが強く示唆されています。

集団的自衛権に関わらず、ただ個別的自衛権の範囲内だけで、他国に援助を要請するというのは、論理構成上無理があります。そもそもそこまで集団的自衛権を悪者扱いする理由がありません。実は国際法では個別的自衛権・集団的自衛権はセットでとらえられていて、同盟関係を持ちながら、厳密に両者を切り分けることには実益がありません。アメリカを攻撃する意図しか持たないと主張する勢力が在日米軍基地だけを攻撃した場合、日本は集団的自衛権を発動しないと米軍基地を守ることができません。そのときに「米軍基地ではなく、その下の日本の領土の土地を守る」などと主張して、「だから個別的自衛権だけしか行使していない」と主張するというのは、頭の体操としてお喋《しゃべ》りはできますが、政策的には全く意味のない馬鹿げたことです。

個別的自衛権および集団的自衛権を発動し、日本国の防衛はアメリカ合衆国とともに行う。そこで個別・集団のどちらなのか気にする人はいないし、それを区分けすることによって発生する利益は何もないのです。

確かに、改憲問題は、多分に感情的な要素を含めた政治イデオロギー闘争の話と結びついているので、厄介です。憲法学通説だけを信じて憲法を語ってきた、といった私よりもまだ年上の人たちが沢山います。憲法と平和主義を語るのは、そういう意味では、骨の折れる作業ではありますね。

日本国憲法前文を読めば明らかですが、憲法において、平和は「原理」ではなく「目的」です。「戦争の惨禍を二度と経験したくない」という目的を掲げ、その目的を達成するために憲法を制定し、運用しようとしているのです。戦争放棄を「原理」とみなし、戦争が起こってしまったら違憲状態に陥る、と主張するのは、「雨に当たりたくないから、雨に当たると違憲だということにしよう」、という例と同じです。

平和を達成できるかどうかはあくまで結果の問題ですから、「目的」として目指しているのです。破ると違憲になる「原理」のようなものではありません。「平和じゃなくなったから違憲だ。あ、誰かが攻めてきた、うちの国の首相は違憲だ」、と言うのは、いかにも馬鹿げた議論ですよね。政府が立派に憲法を遵守していても、悪意を持った敵が攻めてきたら、憲法違反の状態が発生することになってしまいます。ただ、日頃からできるかぎり平和が維持されるような政策を取ろう、というのが、憲法が指示している態度です。つまりできる限り合理的な安全保障政策をとっていくことが、憲法が政府に求めていることなのです。非武装中立とか、無抵抗主義とかを貫かないと違憲になるというわけではありません。そうではなく、より合理的に平和を維持できる政策を追求しなければならない、というのが、憲法の要請です。

平和主義を「原理」としてとらえ、あらゆる政策・憲法条項をその尺度で判断してしまうと、日本が平和になる可能性が高い妥当な政策を追求することができなくなります。そうすると「こっちのほうが絶対平和主義っぽい」「こっちは絶対平和主義っぽくない」などと判断し、「君が言っているのは妥当な政策だけど、憲法上はダメなんだ」という結論を強引に出してくるという事態が発生してしまいます。これは手段と目的の完全な倒錯です。目的を達成するために適切な手段を使い、ときには軍隊を使ってでも平和を維持するのが筋です。「絶対平和主義が原理だ」と言い切って軍隊を全面禁止することは、平和を目的にした政策をとることと同じではありません。侵略者を誘い出してしまう恐れを考えると、平和を達成するという目的に阻害的ですらあります。

「戦争の放棄」は「原理」ではなく「目的」であるということを冷静に考えてもらいたいのです。目的を達成するための合理的な政策こそ憲法が望む政策であり、「より絶対平和主義っぽい政策を取らなければいけない。それ以外はダメだ」というのは、憲法に書かれていない思い込みにすぎません。憲法典には「軍隊はないほうがいい。あっても規模は小さいほうがいい」などとも書かれていません。すべて思い込みです。

野放図な解釈改憲を防ぐためには、解釈が分かれないような明快な文言を憲法典に入れるのが良いわけです。九条三項が解釈を確定させる効果を発揮すれば、悪い解釈改憲を防ぐよい改正になるでしょう。

逆に言えば、解釈を確定させるどころかむしろ混乱を助長するような改憲は、悪い改憲ですね。悪い方法で改憲すると、やればやるほど解釈改憲の余地が生まれ、イデオロギー的な争いだけが広がっていくことになります。

「前二項の規定は、本条の目的にそった軍隊を含む組織の活動を禁止しない。」といった単純明快な言葉による改正を求めたいです。

おわりに

本書は、実際に大学生たちの前で行った私の講義を、筑摩書房さんに書き起こしてもらう、という方法で、つくられた。あえてこうした形式をとったことには理由がある。

憲法論を自分で書いていると、つい専門的な問題に入っていきがちになる。だがそれでは一般読者には伝わらない。そこで今回はあえて口頭での講義を書き起こしてもらい、不用意に話を細かくしていかない予防措置としたのである。

私は平和構築という政策領域を専門研究対象とする国際政治学者である。憲法学は専門ではない。しかし二四歳で国連PKOに選挙要員として参加し、その後も国際的な平和活動を専門的に研究している者として、日本国内では国際平和活動の問題が憲法問題としてしか認識されないことに、強い不満を持ち続けてきた。日本にいれば、自然に日本の国際平和活動への参加の話に関わる機会も出てくる。そんなとき、正論が正論として通らない場面に何度も直面した。「篠田さんの言うことはその通りなんだろうけど、憲法学者が認めないでしょう」、というフラストレーションのたまる障壁に、何度もぶち当たった。

二〇一四年以降の平和安保法制をめぐる喧噪《けんそう》を見ていて、かつて一九九三年にカンボジアでのPKOに向かったときの経験を思い出した。「PKO法は違憲だ」と叫び続けた憲法学者や、「自衛隊の海外派兵を違憲だと思わないのか」という質問を投げかけ続けたマスコミ関係者のことなどを思い出した。長年の友人である細谷雄一・慶應義塾大学教授は、安保法制懇に入ったために誹謗《ひぼう》中傷の対象となった。「今回ばかりは何を言っても議論にならないので疲れた」と嘆息する細谷教授を見て、かつて感じた閉塞感を強く思い出すことになった。

そのとき私はもう四〇歳代後半に入っていた。そろそろ手を広げた仕事をしても、ある程度は許されるだろう。そう思い、思い切って日本人の言説について調べる作業に時間を投入し、二〇一六年に公刊したのが『集団的自衛権の思想史』であった。幸い、この本は、読売・吉野作造賞をいただく栄誉に浴した。そこから「もう少し言いたいことをはっきり言ってみたら」というお誘いをいただき、ちくま新書から『ほんとうの憲法』を二〇一七年に上梓《じょうし》させていただいた。二〇一九年にはさらに『憲法学の病』（新潮新書）を公刊し、今や憲法前文と九条の問題は、いくらでも話ができるほどになった。私自身の憲法論に対する自負も、かなりの程度になってきた。

憲法関係の話題での講演依頼も数多くいただくようになった。ただ、一般向けの講演をした際には、「あなたの憲法論をなるべく易しく説明した本はないのですか」、と言われるようになった。確かに、今まで公刊してきた書籍は、新書の形をとっていたとしても、内容的には専門的な議論が相当に詰め込まれたものばかりであった。もっと平易に一般向けに憲法を語った本をつくってみたい。そのような願望を持っていたところに、『平和構築入門』や『ほんとうの憲法』でお世話になった筑摩書房さんから、「ちくまプリマー新書」での憲法論の公刊を打診された。願ってもない話だと快諾したうえで、本当になるべく平易な本になるように、口頭説明の書き起こしというスタイルをとらせていただくことにしたのである。

正直、狙い通りの本になったかどうかは、まだわからない。憲法という国家の最高法規をめぐる議論である。口頭で説明をしても、つい専門的な議論に入りこんでいってしまう場面があったと思う。不要と思われる議論は、編集校正の段階で、なるべく削除するようにはした。だがそれで本当にわかりやすいものになったかどうかは、読者の方々の判断に委ねるしかない。

それでも本書を筑摩書房から出すことは、私にとっては大きな意味のあるものになった。

「ポツダム・プロセス」という概念で、日本国憲法の性格を説明していく構成は、いわば『平和構築入門』における議論の延長線上にある考え方だ。本書では、その平和構築の観点からの日本の戦後復興の理解を、『ほんとうの憲法』における憲法論と、接合してみせたわけだ。私にとって、本書の製作は、意味のある仕事になった。

思えば私がカンボジアにPKOの仕事で行ってから、四半世紀以上の時間が流れた。その間に、日本の国際平和活動が順調に発展した、とは言えない。

特に二〇一七年に南スーダンから自衛隊が撤収してから、日本は国際平和活動に目立った人的貢献をしていない状態にある。南スーダンからの撤収も、「戦闘」という語が「日報」にあるかどうか、といった本質から外れた大騒ぎの後の出来事であった。痛手は大きく、次にいつ部隊派遣が実施されるか不明な現状だ。少なくとも、近い将来には派遣はないだろう。日本の国際平和協力は停滞している。残念で仕方がないのだが、これが日本の現実だ。

一九九二年の国連PKO法の成立から、四半世紀以上が過ぎた。現時点で、日本の「国際貢献」の夢は、停滞したままだ。われわれのような国際平和活動を専門にしている者にとってみると、特に冷戦終焉直後に大学を出て社会に出た私のような世代からしてみると、夢破れた、という気持ちが強い。

全ての元凶は憲法学者だ、と言っているわけでもない。だが、少なくとも、停滞の原因は、憲法それ自体ではない。私にはどう考えても、どれだけ調べても、日本国憲法が、憲法学者が説明しているものであるという気がしないのである。

憲法は、間違っていない。憲法が、日本を停滞させているのではない。ただ、憲法学者が代表する社会的勢力の憲法の理解が左翼反米主義のイデオロギーに偏向しているため、憲法学と実際の憲法との間に巨大なギャップが生まれ、それによって日本の国際主義の政策も停滞しているのではないか。調べれば調べるほど、考えれば考えるほど、私の心の中では、そうした疑念が強まっていった。

本書の読者には、曇りのない目で、よく見て、よく考えてほしい。

私は、憲法は国際主義的なもので、決してガラパゴス的なものではないと思っている。ただ一部のガラパゴス的な社会勢力が、憲法の国際主義の発展を阻害しているだけだと思っている。日本の未来は、国際法を遵守しようとする憲法を素直に理解して運用していくところに切り開かれるだろう、と思っている。しかしそれを一部のイデオロギー的に偏向した社会勢力が阻害している、と思っている。

このまま内向きで偏向したガラパゴス憲法学を許し続けていくのなら、ガラパゴス日本のさらなる停滞も必至だと言える。ガラパゴスのままでは、二一世紀の日本の未来は暗い。そう思っている。

停滞し続ける日本が、今後も活力を維持するためには、あらためて国際主義をかかげて、国際社会の中で生きていく国としての姿を再確認するしかないのではないか。

憲法解釈のあり方は、日本の未来を占うテーマである。本書が言いたかったのは、そのことである。

ちくまプリマー新書340
はじめての憲法《けんぽう》

二〇一九年十二月十日　初版第一刷発行

著者　篠田英朗（しのだ・ひであき）
装幀　クラフト・エヴィング商會
発行者　喜入冬子
発行所　株式会社筑摩書房
東京都台東区蔵前二－五－三　〒一一一－八七五五
電話番号　〇三－五六八七－二六〇一（代表）
印刷・製本　株式会社精興社

ISBN978-4-480-68367-0 C0232　Printed in Japan